Balladina; Tragödie in V. Aufzügen

Juliusz Slowacki, Ludomil German

BIBLIOLIFE

Julius Słowacki.

———

BALLADINA

Tragödie in V. Aufzügen

übersetzt

VON Dr Ludomil German.

KRAKAU.
In Commission bei S. A. Krzyżanowski.
Buchdruckerei des A. Koziański, Schustergasse 21.
1882.

BALLADINA.

———

PERSONEN.

Der EINSIEDLER, (König Popiel III, vertrieben.)
KIRKOR, ein Schlossherr.
Die MUTTER.
BALLADINA ⎰ ihre Töchter
ALINA ⎱
PHILON, ein Hirt.
WEIDENSTOĆK.
Der KANZLER.
WAWEL, der Historiograph.
Ein PAGE.
Ein BOTE aus der Gegend von Gnesen.
Der öffentliche ANKLÄGER.
Der LEIBARZT.
Von KOSTRIN, Commandant der Burgwache.
GRALON, Kirkors Ritter.
Herren, Ritter, Dienerschaft, Landleute, Kinder.

Phantastische Wesen.

GOPLANA, eine Nymphe, Königin des Goplosees.
PUCK.
FUNKE.

Die Handlung findet statt in vorgeschichtlicher Zeit am Goplosee.

I. AUFZUG.

I. SCENE

Wald am Gopłosee, — eine Einsiedlerhütte mit Blumen und Epheu geschmückt. KIRKOR kommt in reichem Waffenschmuck — mit Adlerfittigen an den Schultern.

KIRKOR (*allein*) Wohl ziemt es, Rath zu suchen bei dem Mann,
    Der einsam in des Waldes Öde weilt;
    Ein frommer Greis, doch hält wohl seinen Sinn
    Ein Wahn befangen: wenn nan ihm erzählt
    Von Burgen, Herrschern, von des Königs Hofe,
    So fasst ihn gleich des Irrsinns arge Macht,
    Er flucht und schäumet, klagt in bittrem Zorn.
    Wohl that ein König ihm des Leides viel,
    Drum ist er jetzt des Volkes Freund geworden.
        (*Er klopft an die Thür der Hütte.*)

EINSIEDLER (*in der Hütte*) Wer da?

KIRKOR.   Ich, Kirkor.

EINSIEDLER (*aus der Hütte tretend.*)   Sohn, willkommen mir.
    Was willst du?

KIRKOR.   Rath.

EINSIEDLER.   Wähl' eine Klause dir.

KIRKOR. Drückt'mich der Jahre hundertfache Last,
    Dann würd' ich flüchten in den stillen Hain:
    Doch jung und stark, und auf vier Thürmen Herr,
    Will ich ein Weib zum Ehebund mir suchen.
    Du rath' mir, Alter!

EINSIEDLER.   Zwanzig Jahre sind's,
    Seit ich hier hause...

KIRKOR.   Nun?

EINSIEDLER.   Ich kenn' die Welt

Nicht mehr — und kann nicht leiten deine Wahl,
Die Maid nicht weisen...

KIRKOR.   Die du einst gekannt
Als junge Knospen, sind nun aufgeblüht
Zu Mädchen; — nach der Rosenknospe Farb'
Wird weiss die Rose glänzen oder roth...
So denke dir das allerschönste Kind,
Das einst erglänzt', wie in des Engels Hand
Lilienblüt', — des zarte Stimme klang,
Wie Nachtigallenlied, des Herze glich
An Treu der Taube..., ist dir wohl bekannt
So eine, Greis? — Man lobt der Reize Pracht
An Königstöchtern...

EINSIEDLER.   Gott! Die Schlangenbrut,
Die Gattin gleich an Lastern ihrem Mann,
Die Söhne, Töchter gleich dem Elternpaar,
Wie Nattern in dem gift'gen Nest geballt.
O, dass der Donner...

KIRKOR.   Fluche nicht!

EINSIEDLER.   Mein Sohn,
Verfluche mit, der Fluch trifft sie mit Recht.
O, dass sie treff' die Pest, die Hungerqual!
O, dass vom Blitz zur Hälfte schon zerfressen
Verschlinge gähnend sie der Erde Schlund,
Mit Staub als Mantel, Schlang' als Kron' am Haupt!
Dass sie...! — Im Fluchen schwand mir jede Kraft,
Ich rase, wie ein toller Hund in Ketten,...
Ich war ja einst der Herren grösster Herr,
War einem Volk von vielen Tausend wert,
In Purpur einst, — und heut' in Lumpen nur.
Drum Fluch und Fluch! — Ich hatt' der Kinder drei,
Der Bruders Würger schlichen nachts sich ein, —
Vom Stengel man drei Rosenblüten hieb,
Stach in der Wiege meine Kindlein todt!
Die Engel mein!... Die zarten Kinder all!

KIRKOR. Wer bist du?

EINSIEDLER.   Ich? — Popiel der dritte... einst!

KIRKOR (*kniet nieder*) Mein König!

EINSIEDLER. Wer wird unterm Bettlerpack
  Mich kennen?

KIRKOR. Herr, ich rüste bald mein Volk
  Und eil' nach Gnesen, Rache...

EINSIEDLER Jüngling, halt!

KIRKOR. Das Unrecht schändet ärger dieses Land,
  Als Mosis Plag', und schneller wächst der Graus!
  Ein König, triefend von der Kindlein Blut,
  Darf nicht gebieten edler Ritterschaar!
  So mag geschehen, was geschehen soll,
  Vor Gottes Aug' in diesem armen Land!

EINSIEDLER. Kommst du vom Himmel her, wie Engel rein
  Auf goldnem Fittich?...

KIRKOR. Einem weissen Aar
  Gehörte einst dies stolze Flügelpaar!
  Nun da es eine Ritterschulter ziert,
  Soll da der Ritter nun nicht taugen mehr,
  Als jener weisse Vogel? Sollte wohl
  Verschonen er der Nattern frech Gezücht,
  Den Adlerflügel schmücken?

EINSIEDLER. Mann von Stahl!
  Du bist von dem Geschlecht, das 'Throne stürzt!

KIRKOR. Du weisst, es schändet schnöde unser Land
  Des Königs geile Lust. Schon blutbefleckt,
  Noch neue Gräuel König Popiel häuft...
  Ich sah dort Teiche, blutigroth gefärbt:
  Mit Sclavenleib der König Fische nährt,
  Wählt aus den Reihen oft den zehnten Mann,
  In Stücke haut, den Lieblingen zum Frass
  Wirft einen Theil, als Dünger kommt der Rest
  Auf seine Äcker, rothen Furchen traut
  Die Saat er an. Und dieses Henkerland
  Rothreussen nennt der Nachbar uns zum Hohn!...
  Vor Zeiten gab viel unverdientes Glück
  Mit vollen Händen Gott den Landen Lechs,
  Das Volk war glücklich; heute plagt die Pest

Und niegekannte Hungersnoth das Land.
Es klafft der Grund, von Sommerhitze dürr, —
Im Lenz schon goldne Saaten, eh' die Ähre
Gefüllt zur Erd' sich neigt, — die Sichel fällt
Nur leere Halme, leeres Roggenstroh.
Und dieses Polen, einst an Früchten reich,
Ist nur ein Speicher für Heuschreckenschwärme;
Einst kriegesmuthig, ist es matt und blass
Und kämpft mit Seuchen und des Hungers Qualen.

EINSIEDLER. Ha, Fluch mir! Dreimal trifft mich dieser Fluch!
Ich trag' allein des grausen Unheils Schuld.

KIRKOR. Du trägst die Schuld?

EINSIEDLER.   Von mancher Wunderkraft,
War einst die Königskrone Lechs berühmt,
Drin lag des Volkes Glück, des Landes Macht,
Durch Wunder eingezaubert... und ich raubte
Dem Volke diese Zauberkrone...

KIRKOR.   Greis!

EINSIEDLER. Des Bruders Krone ist wie Flitter falsch...
Die meine unter morschen Stämmen ruht
Im Wald versteckt... ich wollte sie ins Grab
Mit mir entführen.

KIRKOR.   Doch die Wunderkraft
Wie kam sie in die Krone?

EINSIEDLER.   Heimgewandt
Von Bethlems heilger Krippe giengen einst
Drei Herrscher, — zweie aus dem Orient,
Der dritt' ein Scythe... und im Ährenfeld
In unserm Land hat dieser sich verirrt, —
Denn damals wuchs zum Wald empor die Saat.
So irrend rief er: „Hilf hinaus, o Gott!“
Und sieh, da winkt ihm zu ein freundlich Dach
Der Königshütt' — dort wohnte König Lech. —
Eintrat der Scythe: „König! Bruderherz!“
Begann er, „her von Bethlem führte mich
„Durch deine Lande der Cyanen Stern.
„Und führt' hieher —“. „So bleibe hier“, sprach Lech,

„Gesegnet ist mein Land mit Glück und Muth,
„Und willst du, werd' ich geben freudig dir
„Des Landes Hälfte". — Jener sagte : „Ja!
„Doch will kein Land ich, denn getheiltes Land
„Wird bald getrennt mit Blut und herbem Schmerz
„Der Witwen, Waisen!" — Und es blieb dabei. —
Doch allzulang die Sage —

KIRKOR.   Weiter, weiter!

EISIEDLER. Nun wie es früher war der Herrscher Brauch,
    Der Scythe wechselt Ringe mit dem Lech
    Und schenkt ihm endlich, wie zuerst sein Herz,
    Nun auch die Krone, — das ist unsre Krone.
    Nach ihr der Heiland mit den Händchen griff
    Vom Schooss der Mutter, die in Träumen sass,
    Und neigte sich zu dem Rubinenschmuck,
    Wie Rosenblüt' hervor aus grünem Laub,
    Entzücket hin — und auf den hellen Stein
    Fiel neuer Glanz aus seinem Munde hin.

KIRKOR. O arme Blume! Darum blühtest du,
    Dass man dich blutig nagle fest am Kreuz?
    Warum nicht war ich auf Golgothas Höh'
    Auf meinem Rappen, mit der Knappen Tross!
    'Den Heiland würd' ich retten oder doch
    An seinen Mördern rächen tausendfach!

EINSIEDLER. Dein frommer Eifer gilt bei Gott für That.
    Doch kehren wir in unsre Zeit zurück.
    Verbannt vom Bruder, nahm ich in den Wald
    Die heil'ge Krone...

KIRKOR.   Ha, sie kommt zurück!
    Ich schwör' es!... Doch...

EINSIEDLER.   Was willst du weiter? sprich!

KIRKOR. Bevor ich in der Rache offnen Schlund
    Mich stürze, möcht' ich — wollt' ich fragen noch,
    Wo ich soll pflanzen meines Hauses Stamm,
    Der Kirkor alt Geschlecht, dass deinen Thron
    Umgebe einst ein neuer Ritterschlag?

Wen soll ich in die Pforten meiner Burg
Als Gattin führen?

EINSIEDLER.   Nach der Grösse Wahn
So viele liefen mit dem Ehering —
Fast Alle fanden Hader, Zwietracht, Streit
Statt der verlornen eignen Rippe Bein.
Du handle anders, Jüngling edlen Stamms:
Die erste Schwalbe dich geleiten mag
Dort, wo am Balken sie ihr Nest geklebt;
Wo in den Fenstern Mädchenwangen glühn,
Strohdachumschattet, dort sei deine Liebe.
Nimm ohne Zögern eine arme Maid,
Die Einfalt wähle, und des Glückes mehr
Geniesse, als die Königstochter beut...

KIRKOR. So räthst du, Alter? —

EINSIEDLER.   Sorglos tritt, mein Sohn,
In arme Hütten — ein gefügig Weib,
Voll Lieb' und Unschuld...

KIRKOR.   Nun, du Vöglein lieb,
Du schwarze Schwalbe, wohin führst du mich?

EINSIEDLER. So höre, Jüngling!

KIRKOR.   Greis, dein Rath ist gut.
Du führ' mich, Schwalbe!

                (Geht ab.)

EINSIEDLER *(allein)*   — O das junge Volk!
Sie gehen weg und jeder rufet laut:
Wir gehen, Glück zu suchen! Also wir,
Die wir den Erdenlauf schon durchgemacht
Und nie gefunden wahres Lebensglück,
Wir irrten wohl nur stets auf falscher Fährte...
Geh' Alter, geh', in deine Klause geh'!...

*(Er will in die Klause treten — und bleibt an der Schwelle stehen. Phi
lon, der Hirt, tritt auf, in Gedanken versunken, in phantastischem Blumen-
und Bänderschmuck.)*

PHILON *(exaltiert)* O goldne Sonne, ihr geliebter Haine!
Du liebes Bächlein, dessen Fluten fallen

Mit stiller Klage über harte Steine,
Verliebt in liebeskranke Nachtigallen!
Mit euch, ihr Rosen, in des Todes Schooss
Verwelk' ich, träumend Endymions Loos.
Ich träumte einst, dass in des Mondes Scheine
Von blauem Himmelszelt, bekränzt mit Rosen,
Wird nahen eine weisse Fee, die reine
Stirn zu mir neigend, und im Liebeskosen
Die Lippen mir zum heissen Kuss erglühn.
Ich träumte nur! Denn ach, auf dieser Erde
Gibt es Dianen nicht, und einsam werde,
Ein welkes Veilchen, elend ich verblühn.

EINSIEDLER. Was klagst du da in alberntrotz'gem Ton?
Wo dein Verstand, du armer, junger Thor?
Der Welten Ordnung kehrst du also um;
Und weil dich nach Aktaeons Bad gelüstet,
Und Feen dir im Traume schweben vor,
So manche alte Jungfer deshalb harrt
Vergebens noch auf einen Ehemann.
Such' deine Lieb' auf Erden!

PHILON.   Ich durchstrich
Die ganze Welt umsonst, der Erdentöchter
Geschlecht durchmusternd, und verlangend blickte
Mein Aug', wo unterm Strohhut lacht verborgen
Die Schnitterin, wie heller Mohn am Feld,
So roth; — auf grünen Matten sah ich oft
Schneeweisse Linnen in der Sonne Glanz
Und wähnte, ganz versunken in den Traum,
Dass aus den Linnen, wie aus weissem Schaum
Mir Aphrodite glänzend wird erstehn
Zur Sonn' empor. Umfangen won dem Wahn,
Wie in der Wüste lebt' ich in der Welt,
Denn nie gesättigt, träumerisch, verweint.
Ich sah an Höfen Königstöchter prangen,
Die gleich dem hellen, goldnen Abendstern,
Der rosig glänzt am Firmament, umgeben
Von ros'gem Abendroth, doch — ohne Strahl.

2

Kein Herz, ob jede prahlt auch mehr damit,
Als mit der Krone Edelsteinen.
EINSIEDLER.   Thor!
Du möchtest kaufen, Geck, die Himmelssterne!
Du Narr, der Liebe hat gesucht am Hof!
Weg! fort von hier! du samenlose Blüt'!
Du taugest nichts, wie ein zerbrochner Krug,
Und bist der Welt, was Sonnenglanz im Herbst!
Besteig' den Thron ich wieder, sollst du bald
Im Irrenhause sitzen oder gar
Als Schulmonarch das ABC docieren!
PHILON. Mein guter Vater, Gott erleuchte dich!
Du bist wohl krank und redest ohne Sinn!
EINSIEDLER. Da kommen nun die Narren zu mir her
Und jeder träumt von einem Königshof
Und irret, dieser Träume voll, im Wald,
Wie blinde Eulen winselnd, jammernd, murrend.
PHILON. Ach Alter, tauch' den Kopf in Krystallflut,
Dass er erkalte.
EINSIEDLER.   Wasser löschet nicht
Von meiner Stirn das blutigrothe Mal.
Da sieh', schau her, so gräbt sich ein die Krone!
Und zwanzig Jahre Einsamkeit im Wald
Heilt nicht die Wunde. Hier ein blutig Mal,
Ein andres noch zerfleischet mir das Herz.
Dies grub die Krone, jenes Henkershand.
O meine Kinder! o Vergangenheit!
Verwaist, beraubt!
PHILON   Verdriesslich dieser Greis!
In seinem Kopf ein körperloser Spuck —
Ist närrisch wohl von Fasten, Einsamkeit...
EINSIEDLER. Ach Seelenleid, das ist ein stachlicht Dorn,
Doch Wirklichkeit, — ach, diese tödtet gleich,
Wie scharfes Eisen...
PHILON.   Dies ein andermal.
Dann werd' ich wohl dich überzeugen bald,
Dass Herzeleid...

EINSIEDLER.　　　Dich bringe bald ins Grab,
　Du fades Wesen! Nichts verschling' das Nichts;
　Dein Grabmal wird ein Nichts umschliessen.
PHILON.　　　　　　　　　　　　　Du!
　Du Holde! hier dein nie gefunden Bild!
　Ach, nicht gefunden schlimmer als verloren.
　Ich kannt' dich nicht und sah dich vor mir stehn!
　Im Wald, da bin ich nur mit dir allein,
　Du sel'ges Wunderbild der Phantasie!
　Du rettest mich! (*Geht in den Wald.*)
EINSIEDLER.　　　Ein Narr von eigner Art! (*Ab.*)

II. SCENE.

(Ein anderer Theil des Waldes. — Der Goplosee sichtbar. FUNKE und PUCK
treten auf.

FUNKE. Wo weilt Goplana, die schöne Fee?
PUCK. Vom Schlaf umfangen im Goplosee.
FUNKE. Noch nicht erweckten die Fichtendüfte
　Die holde Herrin, die Lenzesdüfte?
　Hat nicht vernommen, wie Schwalbenflügel
　Im schnellen Fluge die Welle schlagen
　Und Ringe bilden im Wasserspiegel?
PUCK. Zu bald erwachen wird sie und plagen
　Mit harter Müh', lässt bald in taube Eicheln legen
　Der Mücken Eier, bald tief unten in den Grüften
　Ameisenbau besorgen, Strassen reinlich fegen
　Zu der Ameisenstadt, — den harten Panzer lüften
　Den Käfern, dass im Flug sie keine Härt' verletze...
　Dann in den Immenstock, dort lesen Schwarmgesetze
　Aus offnem Buch und jedes junge Bienchen lehren
　Und Treu der Immenmutter jede lassen schwören, —
　Dann jungen Schwalbenmüttern einen Vortrag halten,
　Wie Nester man soll bauen und des Nestes walten,
　Den, die zum erstenmale fühlen Mutterfreude;
　Dann Vogelbauer sperren, dass die Lockung meide
　Das Vöglein, nicht vergreife sich an schnöder Speise

Zu Trotz dem Jäger, oder leisten Tugendproben,
Der Elster „nur nicht stehlen" immer flüstern leise;
Dann wieder eines Spatzen schrille Töne loben,
Dass nie der Bauernhütt' mag sein Gezwitscher fehlen...
Den ganzen lieben Sommer wie ein Gaul sich quälen
Und Winters wo beim Bauer hinterm Ofen liegen
Mit Rangen, alten Hexen und zerbrochnen Krügen.

FUNKE. Mit deiner Faulheit nicht prahle!

(*Blickt auf den See hinaus*)

Sieh dort, auf sonnigem Strahle
Goplana der Well' entsteiget;
Wie schwankes Schilfgewinde
Im leisen Lüftchen sich neiget;
Wie Schwanenfittich gespreitet
Schneeweiss sich bietet dem Winde,
Sie schwanket und schaukelt und gleitet.
Nun wie die zarte Forelle
Schwingt sie sich leicht aus der Welle,
Nach der Vergissmeinnichtblüte
Haschen die Händchen, die lieben,
Und glänzende Funken entstieben
Den Fluten nach jedem Schritte.
Zauberin, wer könnte sagen,
Ob der Welle Schaum sie hebet,
Ob sie hin die Lüftchen tragen,
Ob sie an den Blumen schwebet.

PUCK. Und ihr Kranz? ach! rathen hilf,
Sind es Blumen, oder Schilf?

FUNKE. Nein, es ist Elfinnenhaar,
Drin ein schlafend Schwalbenpaar.
So verschlungen mit den Füsschen
Fielen sie am Herbstesmorgen
Allzusammen in eine Flüsschen.
Flüsschen hat den Kranz geborgen,
Kränzlein, schwarz wie Ebenholz,
Für Goplanas Stirne stolz.

PUCK. Mein Rath ist, lieber Funke, eilig uns zu sputen!

Die Hexe wird bald wieder unsre Mühe mehren,
Lässt Mühlenräder drehen, da die Wasserfluten
Dem armen Mühler fehlen, — oder Beichte hören
Die faule Wespe, dass sie nascht vom Honig wieder,
Auch will sie, dass ich male buntes Pfaugefieder.

FUNKE. Ich verweile, du entfliehe...
Sieh! die Sonnenstrahlen sogen
Nässe aus den Federn, siehe,
Nasse Schwälblein in der Wärme
Leben, flattern, — sind entflogen,
Wie gescheuchter Spatzen Schwärme.
Und die Königin betroffen
Steht verwundert und nicht waget
Die gelösten Zöpf' zu binden,
Und das Herze sie befraget,
Wie ihr Kranz, — wer könnt' es hoffen —
Sich zu freiem Flug wird finden.
Herrin, Herrin!

(Goplana tritt auf.)

GOPLANA. Pflück' Rosen, Puck, weithin enflog mein Kranz im Winde.

PUCK. Da, schon beginnt die Mühsal.

(Geht murrend ab.)

GOPLANA.   Ist's noch früh am Morgen?

FUNKE. Die erste Frühlingsstunde.

GOPLANA. Geliebter, wo weilest du noch?

FUNKE. Ach, worüber magst du sinnen?
Willst du Arbeit mir vertrauen?
Soll ich Regenbogen spinnen,
Soll ich dir Paläste bauen,
Und mit Epheu binden Dächer,
Sollen blumige Gemächer
Glockenblumensäulen stützen
Lazurblau?

GOPLANA *(in Gedanken.)* Nein!

FUNKE.   Willst du sitzen
Auf den Wolken, thränenvollen?
Soll ich Perlenschnüre holen,

Jene, die den Vogel fangen,
Wie am Leim, Genuss verheissend,
Doch mit hellen Farben prangen
Im Brillantenfeuer gleissend?
Oder in dem Moor am Teiche
Soll das Irrlicht ich erhaschen?
Ich erblick' es und erreiche
Und zurück im Flug, im raschen —
In Lilienkelche pflanze,
Decke zu mit weissen Glocken,
Dass es dich erfreu' mit Glanze —
Kann dich alles nicht verlocken?
Was sich in der Sonne regt,
Auf der Erde, auf der Au,
Blumen, Bäume, Licht und Thau,
Was der Erde Schooss nur heget,
Klang und Echo, Farbe, Duft
Hol' ich, — was nur deine Triebe,
Wie im Sturm bewegte Luft,
Je erregte —

GOPLANA.　　　　Ach, ich liebe
Theurer Funke!

FUNKE.　　　　　Wen? Die Rose
Ohne Dornen? Laub am See?
Oder viergetheilten Klee?
Oder jene Todtenblüte,
Die an der Stiefkinder Grabe,
Dass sie die Verhassten hüte,
Stiefmütterchen pflanzt zur Gabe?
Oder Magdalenens Faden,
Der in Windstill' flattert scheu?
Oder jene Marguerite,
So unschuldig, weiss und blank, —
Doch das Blättchen „keine Treu"
That, gepflückt nach alter Sitte,
Dass ins Grab die Hirtin sank.
Ach, wen liebst du? sende mich,

Den Geliebten hole ich —
Er wird ruhn in deinem Kranze,
Kuss um Kuss wird Liebe glühen,
Bis in neuem Frühlingsglanze
Neue Blumen dir erblühen!

GOPLANA. Ach ja, ich liebe, liebe einen Mann.

FUNKE. 's ist Menschenlist.

GOPLANA. Als ich im Winterschlaf
Am Krystallager ruhte, weckt' ein Licht
Mich rasch und plötzlich aus dem dumpfen Schlummer.
Ich blicke auf, seh' eine Flamme, roth
Wie Brandesröthe, brechen durch das Eis, —
Ein dumpf Getös — die Fischer hieben dort
Im Eise Löcher, Fischchen zum Verderben...
Da — Schmerzensschrei — ins Wasser fiel ein Mensch —
Gerade auf mein Lager. War es nun
Das rosenfarbne Licht, das sanft erhellte
Den Glaspalast mir, — war es Rosenglut
Der Wangen, nun im Todesschreck verwelkt, —
Genug, er war so schön, so schön, — ich wollt'
Ihn ewig haben in dem Eispalast,
Umschlungen mit den Armen und gebannt
Mit glühndem Kuss... Da nahte ihm der Tod...
Nun musste ich der Arme Bande lösen!
O hätt' ich ihn entrissen selbst der Flut
Mit eigner Hand, geschlossen Mund an Mund,
Und Leben eingehaucht der kalten Brust!
Doch ach, du kennst ja unsre harte Qual:
Wie Frühlingsblüt' verliert die schönste Fee
Der Wangen Roth, der Lebensfarben Glut
Und ruhet ähnlich einem weissen Stein
Im tiefen See. So war ich damals auch.
Ich musste liegen tief im Grund, — hinauf
Nicht durft' ich dringen an das Tageslicht.
Halb todt war er, so heb' ich zitternd ihn
Und bring' hinauf, wo offen stand das Eis...
Dann kehr' ich einsam auf mein kaltes Bett,

Mein Herz durchbohrt der Fischer freud'ger Ruf,
Die ihn begrüssten, da ich Abschied nahm.
Wie harrte ich des Lenzes, ach, er kam,
Mit liebesvollem Herzen wach' ich auf...
Ach, seiner Wangen Glut, — der Augen Glanz
Lässt Blumenpracht erblassen, Sternenlicht.
Ich liebe ihn!

FUNKE. Ha, Schritt' im Wald.

GOPLANA.   Er ist es, mein Geliebter
Verschwinde Funk'!

(Funke geht ab. Weidenstock tritt auf, ein rothwangiger Bauernjunge.)

WEIDENSTOCK.   Ein Fräulein? Wer ist das?
Hat Füsse, Magen, Leib — doch wie von Glas —
Gallert und Dunst — ein sonderbar Gemisch,   ·
Doch mir kommt vor, 's ist etwas drin vom Fisch, —
Nun manchem mag gefallen so 'ne Dame...

GOPLANA. Wer bist du, schöner Jüngling? wie dein Name?

WEIDENSTOCK. So, so!

GOPLANA.   Wie Lieber? so...

WEIDENSTOCK.   Na, du bist dumm!
So, so, das heisst — nicht garstig und nicht krumm...
So ziemlich schön. Und Weidenstock ich heiss'.

GOPLANA. Dich führt wohl in den Wald ein Englein weiss.

WEIDENSTOCK. Schau, welche Neugier im vertrackften Pflöcklein!

GOPLANA Jch bitt'! Herr Weidenstock!

WEIDENSTOCK.   Darfst sagen: Stöcklein!
Herr Stöcklein!

GOPLANA.   Wer bist du?

WEIDENSTOCK.   Dein Diener zu befehlen.
Und wer ich bin, hör' zu — ich werde dir erzählen.
In unsrer Kirche that 'ne grosse Orgel stehn,
Drauf spielte der Papa, — besoffen spielt' er schön,
Doch nüchtern that er gar erschrecklich musicieren.
Dazu als Ortsbarbier that er das Dorf rasieren.
Barbier und Musikant! Am Samstag mit dem Messer
Am Sonntag Orgelherr, — da gieng es desto besser,
Da Samstag er nicht trank und Sonntag tüchtig soff.

Gieng alles, wie am Schnürl! Da kräht' der Hahn im Hof
Und sich ins Ehebett Papa ein Weibchen führte,
Die Braut 'nen Schnurrbart trug, Papa ihn wegrasierte —
Gieng alles wie am Schnürl! Nun kommt das blaue Wunder!
Papa nicht mehr die Orgel, Mama ihn schlug jetzunder —
Und schlug ihn so im Tact, so schön sie musicierte,
Dass man Papachen bald am Friedhof sepelierte.
Und ich, des Organisten nachgebornes Kind,
Bin, wie man sagt, der Vaters reines Ebenbild,
Denn Schnaps und Meth vertilg' ich, wo ich ihn nur find',
Und fliehe Mamas Keifen.

GOPLANA.   Seine Worte mild
Der Frühlingswind mir bringt zum sanften Ohrenschmaus.
Ich liebe, Trauter, dich!

WEIDENSTOCK.   So schnell? So grad heraus?
Ein wackres Mädchen, gelt! Es ist zwar nicht so neu,
Im Gässchen Mädchenherzen fliegen her wie Spreu
Vor meine Füsse, — manches Mädchen winkt und lacht:
Herr Weidenstock, Herr Stöcklein, lieber Stock, gib Acht,
Dass morgen Heumahd ist, so komme, Stöcklein, doch —
Das heisst, dass für mich jede stürzt' ins Grabesloch,
Und dass man draussen kann sich holen einen Kuss.

GOPLANA. Ach, liebst du mich?

WEIDENSTOCK.   Wie so? — Versuchen ich doch muss...
Zum Beispiel... einen Kuss!

GOPLANA.   Halt! Eines Mädchens Kuss
Ist wie ein Ehgelübd'. Vom Mädchenkranze muss
Nach jedem Kuss ein Blatt zur Erde niederfallen.
Und manche reine Maid empfindet harte Qualen
Darob, dass ihr ein Blatt der Herzensblum' entsank,
Entsaget nun der Lieb' — von Menschen scheidet bang,
Der Liebeswonne fremd im Grab sie ruhen muss.

WEIDENSTOCK. Ei, Mamsell, bist du eine Nonne?

GOPLANA.   Nach dem Kuss
Bin ewig dein, du mein für alle Zeiten...

WEIDENSTOCK. Der Kuss ist da, — das „ewig" noch im weiten,
             (Er küsst sie.)

GOPLANA. O Theurer!

WEIDENSTOCK.   Pfui! Ein rosenduftend Weib...
Die Nase voll von Duft... ein Rosenleib...
O pfui! gar übel schmeckt's...

GOPLANA.   Geliebter Schatz!
Musst kommen an des Waldes stillen Platz
Gar jeden Abend. Dort im Mondesscheine
Bei Nachtigallensang, im zärtlichen Vereine
Am glatten Wasserspiegel, unterm Lärchenlaub
Wird süss geträumt zusammen...

WEIDENSTOCK.   Bitte, mit Verlaub...
Was soll ich sagen...

GOPLANA.   Lieber, du bist traurig, stumm?
Wir sind so selig mit einander...

WEIDENSTOCK.   O warum...
' Doch nicht am Teiche abends... nein...

GOPLANA.   Weswegen?

WEIDENSTOCK. Denn ich bin wasserscheu.

GOPLANA.   Ich will dich pfiegen,
Die schönsten Beeren sammeln dir im Hain.

WEIDENSTOCK. Mir schmecken Beeren nicht... nicht leiden kann
Ich Beerenkrüg' am Kopf und stell' ein Bein
Den Mädchen, die das tragen.

GOPLANA·   Theurer Mann,
Du liebst wohl Blumen?... Komm nur jeden Tag —

WEIDENSTOCK Das ist doch schon zu viel! — Verdammte Plag'!
Ich komme nie...

GOPLANA.   Warum?

WEIDENSTOCK.   Am Waldesrain
Ein schönes Mädchen abends harret mein.

GOPLANA. Ein Mädchen?

WKIDENSTOCK.   Ja.

GOPLANA.   Und ist wohl schön das Mädchen?

WEIDENSTOBK. Was kränkt dich das? Es ist mein lieb Ballädchen.

GOPLANA. Alinens Schwester?... jener Wittwe Tochter?... doch
Ihr Herz ist schlimm...

WEIDENSTOCK.   Ich glaube, Mamsell raset noch...

Ich halte nichts von alter Hexen Aberglauben.
Ist schön des Mädchens Füsschen, kann ich sicher glauben,
Dass auch der Mund so schön, das Herzlein auch, mein Mädchen
Hat gar ein schönes Füsschen...

GOPLANA *(mit Eifer)* O früher mag vergehn der Sonne Licht,
Eh' man dich mir, Geliebtester, entreisst.
Du bist ja mein, ja ewig, ewig mein!
Und hättest du den Mond zum Ehering,
Den blassen Mond, — ich würde ihn zerbrechen, —
Erlöschen soll der falsche, schnöde Mond,
Der dich zum Kuss, zu Deinem Liebchen führt.
O bleib' mir treu, ich fleh'! beschwöre dich!
Ich bitte dich, ach, um dein eigen Glück,
Sonst droht Verderben dir... nein... beiden uns.
Doch du musst sterben, wann ich werd' vergehen. —
Drum will ich leben, dass du mit mir lebest.
Geh' heute abends, heute nicht dahin,
Wenigstens heute, — geh' nicht — ich befehl's...

WEIDENSTOCK. Wer bist du denn?

GOPLANA.   Die Königin der Flut!
Goplana!

WEIDENSTOCK. Ei! Nun schnell auf und davon!
O Jesu Christ, 's ist eine schwere Noth!
Ein Teufelsweibchen will mich gar zum Mann!

                 (Er flieht.)

GOPLANA *(allein)* Erlisch nun, Sonne, sinket alle Sterne
In Himmelsabgründ'! Rosen, welkt zu Tod!
Wozu noch Sonne, Blumen, Stern für mich,
Er ist mir theurer, als die ganze Welt!
Die volle Macht und alle Zauberkraft,
Sie sollen heut mir dienen nur dazu,
Dass ich dies Herz auf ewig mir erwerbe.
Ha, Funke, Puck!

             (Funke komt eilig.)
                Du hast vernommen wohl
Was ich mit meinem trauten Liebling sprach?

FUNKE. Nicht straf' die Neugier, Herrin! Ich bereu',

Ich pflückte mir die weisse Epheublüte
Und steckte sie ins Ohr mir, wie ein Horn,
So hört' ich...

GOPLANA.   Wo ist Puck?

FUNKE.   Er schlendert faul,
Den Kranz dir holend...

        (Puck kommt mit dem Kranze.)

GOPLANA. .   Schäme dich, mein Puck!
Da bringst du Nesseln, Unkraut mir zum Kranz
Und bittren Wermut, eitel Gras und Klee.

FUNKE. Erlaube, Herrin, Streich' soll er empfahn
Für solchen Kranz...

PUCK.   Geh' weg, ich thu' dir an...

GOPLANA. Nun still, ihr kleinen Teufelein, und hört...
Du folgest eilig dem Geliebten, Puck,
Und wie ein Irrwisch, seitwärts, hinten, vorn
Führ' in der Wies' ihn irre, dass er nicht
Vor morgen jene Hütt' erreichen mag,
Wo die zwei Mägdlein sind, ein Blumenpaar,
Der Witwe Töchter... bring' hieher ihn dann
Um Sonnenaufgang.

PUCK.   Ohne Unterlass
Soll er mir irren, zappeln dort im Moor...

        (Puck geht.)

GOPLANA. Und du mein Funke, eil' hin an die Brücke
Wo der Selbstmörder allabendlich spukt.
Tief dich in die Weiden drücke,
Bald wird fahren durch die Brücke
Ein geschmückter, reicher Ritter,
Angethan in goldne Flitter,
Wie zur Hochzeit; — ohne Wappen,
Golden glitzert die Karosse,
Dran fünf edle, stolze Rosse,
Vorn ein Schimmel und vier Rappen
Funkensprühend vorwärts fliegen.
In dem Brückgerüste liegen

Ein paar alte, morsche Balken..
Weisst?

FUNKE.　　　Umkippen?

GOPLANA.　　　　　　　Doch Menschen und Pferde...?

FUNKE.　　　　　　　　　　　　Und dann

GOPLANA. Dann den Herrn in gold'nem Kleide
　　　Mit Gellspel, zartem Singen
　　　Bis an jene Hütte bringen,
　　　Wo die Witwe wohnt und beide
　　　Schöne, junge Töchter sind,
　　　Mache, dass der Ritter freien
　　　Möcht' um eine und zu zweien
　　　Bald sie fahren durch die Au,
　　　Lieber Funke, theures Kind!

FUNKE Ha, das Mädchen wird zur Frau,
　　　Eh' die Sonne zweimal sinkt,
　　　Eh' der Mondschein zweimal winkt.

　　　　　　　(Fliegt weg)

FOPLANA. Die Elfen fliegen, — sollen mir mein Glück
　　　Bereiten. Nicht gewohnte Arbeit gilt's,
　　　Nicht Blumenheere führen in der Au,
　　　Nicht Regenbogen spinnen in die Weite,
　　　Noch Nachtigallen lehren neue Lieder,
　　　Noch Schwalben wecken... ich vergeh', ich liebe!
　　　Und wenn er mich nicht lieben wird? ach, dann
　　　Werd' ich in weissen Thau zerfliessen ganz,
　　　Ein Blümchen tränken und mit ihm verwelken.

　　　　　　(Zerfliesst in Luft.)

III. SCENE.

Hütte der Witwe. — Die WITWE und ihre Tochter BALLADINA und ALINA
kommen mit Sicheln.

WITTWE. O Balladin', die Arbeit aus für heute!
　　　In Sonnenglut die Händchen schmelzen fast,
　　　Wie Eisessternlein dir. Und morgen früh

Alinchen geht mit mir ins Feld hinaus;
Und du wirst doch zu Hause ruhn, mein Kind.
ALINA. O nein, o nein! denn morgen ruht die Mutter,
Wir beide eilen hin ins Erntefeld.
Die Sonne kost dein weisses Haupt zu gern
Und drängt sich nah, wie sich der weissen Blüt'
Die Wespe lästig naht, — nicht scheuchet sie
Ein vorgehalten Blatt, nicht sendet Gott
Ein Wölkchen, dass es vor der Glut dich schütze,
Du arme Mutter.
WITWE.   Meine Töchter lieb,
Mit euch ist gar der Armut Last so süss.
Doch nie verliert, wer Saaten streut für Gott.
Ich denke immer, dass euch Gott zum Lohn
Wird geben einen reichen Mann... wer weiss?
Man spricht von euch vielleicht schon an dem Hof!
Dieweil wir ernten, da erscheint vom Hain
Ein Königssohn, — vielleicht ein Küchenjung'
Vom Hof des Königs oder ein Marschall,
Und sagt zu mir: „Ach liebe, gute Frau,
Gib eine Tochter zur Gemahlin mir!"
Nimm Balladine, Herr, die schöne nimm.
Alinchen wird dann einen Ritter auch
Zum Mann bekommen, doch die altre Schwester
Soll nach der Ordnung früher werden Braut,
Wie in dem Bache Welle folgt auf Well', —
Nimm Balladine früher, lieber Prinz.
BALLADINA. Alin', wo hast den Kamm mir hingethan?
Was lauschest du der Mutter eitlem Traum!
ALINA. Ach Schwester lieb, es steht so schön ihr an,
Wenn laut sie träumt und lächelt still im Traum.
WITWE (zur Balladina) Da hast du Recht! So elend unsre Hütte
Und mir erscheinen, Gott weiss was für Träum'.
Doch Gott muss auch in seiner ew'gen Pracht
Wohl Träume hegen... wenn es ihm gefiele,
Mir einen goldnen Eidam zu verleihen —
BALLADINA. Ha! welch ein Rollen, — Rasseln auf der Au —

Da kommt gefahren eines Fürsten Hof,
Fünf Rosse, golden die Karosse, ach!
Er kommt heran,... in der Allee glitzert
Das Gold im Grün... ha! was ist dort geschehen?
O Gott! sieh' dort... gerad' auf unsrer Brücke
Blieb stehn der Wagen und nicht weiter kann...

WITWE. Sie wollen Pferde tränken...

BALLADINA.   Ha! noch was!
Ein Herr wird da so tränken unterwegs...

WITWE. Nun wenn sie dürsten...

ALINA.   Schon die Sonne sink,
Ich zünde an ein harzig Fichtenkien.

BALLADINA (*vom Fenster eilend.*)
Die Lampe zünd', die Lampe zünde an...
Ach, wo mein Kamm?

          (*Man klopft an die Thür.*)

WITWE.   Was ist? was dort? man pocht...
Mach' auf, Ballädchen...

BALLADINA.   Öffne doch, Aline...

WITWE. Macht auf, nur schnell, man pochet an die Thür.

ALINA. Mir banget, ach...

WITWE.   Es lobe jeder Geist
Den Herrn! Ich mach' die Hütte selber auf...

          (*Lugt durch das Schlüsselloch:*)
O, welch ein reiches goldenstrotzend Kleid!

          (*Oeffnet die Thür.*)
Kommt ihr mit Gott?

          (*Kirkor kommt herein.*)

KIRKOR.   In Gottes Namen, — ja!
Verzeihet mir, doch an dem Bache brach
Die Brück' zusammen unter meinem Rad,
Ich suche Zuflucht.

WITWE.   Bitte, bitte, Prinz,
An unsern Tisch! Ich bitte, nehmet Platz,
Die Hütt' ist arm — doch sagen du geruhtest,
Dein Wagen... ach, welch Unglück! — Kinder, kommt!
Da meine Töchter zwei, erlauchter Prinz —

Wir haben längst von keinem solchen Fall
Gehört, nur — ja — wie einst beim Mondesschein
Der Müller fuhr im Vorjahr — so — im Lenz...

BALLADINA. Lass, Mutter, dass der Herr doch rede...

(Funke kommt herein, unsichtbar.)

KIRKOB.   Vor der Hütte
Ich Lautenklänge hört', die Töchter wohl
Die Laute schlagen?

WITWE.   Nein, mit eurer Gunst,
Mein Prinz...

FUNKE.   Aus zarter unsichtbarer Wolke
Werd' ich der Schönheit Blumen reichlich streun
Auf beide Mädchen, denn die Herrin hat
Mir nicht gesagt, für welche Kirkors Herz
In Liebe soll erglühn... Des Echos Klang
Soll bringen zarter Lieder Wiederhall;
Der Blumenkranz soll athmen solchen Duf,
Dass ihm das Herz vergeh' in Liebesweh,
Dass ihm ins Herz sich dräng' ein Herzenpaar.

(Er schmuckt die Mädchen mit Kranzen — man hört Musik)

WITWE. Wollt ihr der Ruh' nicht pflegen, edler Prinz?

KIRKOR *(erstaunt und erregt)*
Wie könnt' ich ruhn, wenn solche Zauberklänge
Mir tönen... Mädchen, ist es euer Lied?
Ich hör' Gesänge...

ALINA.   Oh, ihr träumet wohl...
So still die Hütt' —

KIRKOB.   Ach, still auch meine Burg,
So einsam, öde...

FUNKE *(für sich.)*   Ha, der Zauber wirkt!

KIRKOR. Und welch ein Weichrauch streuet diesen Duft?
So duften wohl die Kränze euch am Haupt,
Ihr lieben Mädchen, nass vom Abendthau?

BALLADINA. Wir tragen keine Kränze

(Ein Diener Kirkors in reichem Kleid tritt auf.)

DIENER.   Gerichtet schon
Das Wagenrad...

KIRKOR.   So spannt die Pferde aus,
Ich bleibe hier...

                   (*Diener ab*).

WITWE.   Ach, ein Mirakel schier!
Ein Prinz bei uns! — Wie wird bereitet ihm
Ein Ruhebett? — Ihn drückt der Rose Blatt...

KIRKOR (*für sich*) Gerathen hast du, wahr gesprochen Greis,
Wo mir im Fenster winkt ein Rosenpaar,
Strohdachumschattet...

FUNKE (*für sich*)   Aus das Zauberwerk!

KIRKOR (*zur Wittwe*). Vernehmt! Ich reiste in die Welt hinaus,
Zu suchen mir ein tugendhaftes Weib;
Ich fahr' nicht weiter, denn ich finde hier
Zwei Engel... ach, wenn ich zwei Throne hätte...
Ach, zu verschenken hätt' ich Herzen zwei!
Doch dünkt es mich, ich hab' ein Herzenpaar,
Und bitte dich um beide Töchterlein;
Doch eine nur darf nehmen ich zum Weib,
Mit einer knüpfen nur den Ehebund;
So muss ich wählen... Warum hat mein Herz
Am Felsenpaar zerschellet das Geschick?
Warum hat nicht das Aug' gethan die Wahl
Und das Gefühl geleitet. Jetzt vermag
Ich nicht zu wählen...

WITWE.   Ich versteh' nicht, Herr!

KIRKOR. Ich bitte dich um einer Tochter Hand...
Du hast vom Grafen Kirkor wohl gehört,
Der eine grosse Burg, vier starke Thürme
Und goldne Wagen hat und Ross' und Mannen
Zu seinen Diensten? — Graf Kirkor bin ich...
Und bitt' um eine Tochter...

WITWE.   Aber Herr,
Zwei Töchter hab' ich ja, — doch Balladine...

KIRKOR. Die ältre?

WITWE.   Ja... die jüngere, Alin',
Auch engelgleich...

KIRKOR.   Unendlich schwer die Wahl!

4

Schneeweiss die ältre — doch das wonn'ge Haar
Der jüngren, wie verweinter Birken Laub;
Die alabasterweiss, — die rosenroth, —
Hier Kohlenaug' — da mildes Veilchenblau, —
Ein goldner Engel die am Morgenroth,
Wie Sommernacht doch jene, dämmerndhell;
Für die Geliebter sein, — für die Gemahl; —
Ach beide lieben — und um eine frein? --
Doch welcher soll gehören Herz und Hand?
So mag mir sagen doch ich Rosenmund,
Ob sie mich lieben? (*zu den Mädchen*) Schmucke Kinder ihr,
Könnt ihr mich lieben?

BALLADINA.   Ach, ich sage nicht
Ein Nein, — doch wag' zu sagen auch kein Ja, —
Doch wirst du wohl mein Schweigen auch errathen,
Errathe, Ritter —

KIRKOR (*zur Aline*)   Und du, Röslein weiss?

ALINA. Ich liebe...

KIRKOR.   Beide lieben...

WITWE.   Müssen wohl!
Das wäre doch, dass man nicht lieben sollte
Den Ritter, den die Königstochter nähme
Mit Freuden, — schön und tapfer...

KIRKOR.   Welche doch
Von euch wird nach der Hochzeit lieben mehr,
Getreulich lieben, theilen mein Geschick,
Von Zorn entwölken die gekrauste Stirn?

BALLADINA. O Herr! gibt's Feuerschlünde in der Burg,
Die Flammen speien, — lass mich in die Glut
Hin stürzen, und ich stürz'. Wenn in der Beichte
Der Priester deine Sünden dir nicht löst,
So nehm ich dieser Sünden Last auf mich.
Fleugt dir entgegen ein geschliffner Speer,
Mit meinem Leibe werd ich schützen dich...
Was willst du mehr?

WITWE.   Herr, Balladine nimm!
Wie lautres Gold sie...

KIRKOR (*zu Aline*) Und du, junge Maid?
    Sag' dein Gelübde?

ALINA.   Lieben ewig, treu.

KIRKOR. Ach, welcher reich' ich nun die linke Hand,
    Als Schwägerin, — und wem den Ehering?
    Oh! könnt die Wahl entscheiden mir der Stern,
    Der einst die Kön'ge führt' zur heilgen Krippe!
    Das Herz zieht mich zugleich nach beiden hin.
    Verstossen eine? Um die andre frein?
    Doch beide lieben, — soll ich Unrecht thun
    Der einen, wenn ich um die andre werbe?
    Und beide sind so einfach, innig, zart
    Und beide lieben gleich mit heisser Glut...
    Wer kann da wählen!...

ALINA.   Trifft mich deine Wahl,
    O edler Herr, so müsst geloben noch,
    Dass Mutter, Schwester ziehn mit auf die Burg,
    Mit uns zusammen. Denn wer würde dann
    Der Mutter Speise kochen nnd den Herd
    Entfachen? Bleiben kann sie nicht allein —
    In armer Hütt', — da ich Paläste habe.
    Schau, sie ist grau, so wie ein Röschen weiss —
    O lieber Herr, du müsstest auch mit mir
    Die Mutter nehmen.

KIRKOR.   Ha, wie schwillt mein Herz
    Von inn'ger Wonne... Liebes, gutes Kind!...

WITWE. Doch Balladina dachte eben so
    Im Herzen still. O glaubet, edler Herr,
    Auch sie hat sehr die alte Mutter lieb.

KIRKOR. Schon war die Wahl getroffen, — wieder nun
    Hör' ich zwei Herzen schlagen.

BALLADINA.   Ach, ich wär'
    Nicht wert der Lieb', ja wert der Höllenqual,
    Wenn ich entsagen sollt' der Mutter mein.
    Ich lasse alles, — Mutter, Schwester nicht.

KIRKOR. Da könnte nur des blinden Schicksals Hand
    Die Wahl entscheiden...

FUNKE (*singt der Witwe ins Ohr*).

> Mutter, Beeren sind im Haine, —
> Schick' die Mädchen im Vereine:
> Die zuerst den Krug hat voll,
> Die der Herr sich nehmen soll!

WITWE. Meinem alten Kopf

Ein Einfall kam... Vergönnest du, mein Prinz,
So wird voll Demuth rathen deine Magd:
Am Morgen früh gehn beide in den Wald
Und jede nimmt den Krug von schwarzem Thon,
Und beide sammeln Beeren dort im Hain.
Und die zuerst mit vollem Kruge kommt,
Voll frischer Beeren, diese wird dein Weib.

KIRKOR. Der Rath ist prächtig! — O du goldne Einfalt!
Du wirst bereiten mir ein reines Glück,
Voll stiller Wonne, ruhig, tugendhaft.
So bleibt es, Mutter... Mit dem ersten Strahl
Der Sonne gehn die Mägdlein in den Wald,
Wir harren ihrer unterm Lindenlaub;
Und die mit vollem Kruge kommt zuerst,
Wird Gräfin Kirkor. — Lenk' es du, mein Gott.

WITWE. Derweil steht dir ein Lager schon bereit
Von duftigem Heu, — und weise Linnen drauf, —
Kannst ruhig sein, kein Fröschchen wird dem Heu
Entschlüpfen. Prinz, ich bitte, nur herein!

KIRKOR (*klatscht in die Hände, es kommt ein Bedienter*).
Vom Wagen hole mir das Krystallglas
Und Wein und kaltes Fleisch vom Auerochs.
(Der Bediente ab).
Nun lebet wohl, ihr schönen, lieben Bräute!
(Die Witwe führt ihn in die Nebenkammer.)

ALINA. O Schwester lieb... Ist das ein Wunder doch!
O welch ein Glück!

BALLADINA. Du hast's noch nicht erlangt!
Vielleicht wird es erblühen nicht für dich...

ALINA. Lieb Schwesterchen, hab' ich am Himmelszelt
Die Sonne nicht, glühn Sterne über mir.

Bin ich dann nicht des Grafen Kirkor Frau,
Bin immer doch der Gräfn Kirkor Schwester.
Doch morgen heisst es sparen keine Müh'
Und fleissig sammeln, — denn — du weisst es doch,
Ich fülle immer früher meinen Krug.
Ich weiss nicht, ist mir günstiger der Hain
Und häuft mir Beeren, — oder... dass dein Schatz...

BALLADINA. Ha, schweig'!...

ALINA.   Lieb' Schwester, sieh', ich weiss es nun
Warum du keine Beeren sammelst...

BALLADINA.   Still!

ALINA. Nun, nun! — ich sage nur, ich würde nicht
Um eines Ritters, eines Königs willen
Den Liebsten lassen.., Wenn ich lieben würde
Mit Gegenliebe einen Hirten schlicht,
So würd' kein Graf...

BALLADINA.   Ich brauche keinen Rath
Von deinem dummen Kopf...

(Händeklatschen draussen. Balladina zündet ein Licht an und geht.)

ALINA.   Es klatscht im Hain —
Sie geht hinaus, — du mein gerechter Gott!
Was sagt Herr Weidenstock zu der Geschichte?
Denn sie will werden nun Herrn Kirkors Weib,
Und oft hab' ich gesehn im Blumenfeld
Und oft gehört in unserm Espenhain
Wohl hundert Küsse... — Gott verzeihe mir,
Dass ich die Lieb' nicht kenne und sie richte.

(Kniet nieder).

Du siehst, o Gott, ich hab' ein reines Herz,
Und schwörend werd' ich brechen keinen Eid...
O Herr, die Vöglein dürfen deinen Thron
Um schwarze Kirschlein bitten sich zur Speise...
Den Schwalben schenkst du manches Mücklein auch...
Willst du es wohl, mein einz'ger, grosser Gott,
So find' ich Beeren roth an jedem Schritt.

(Sie setzt sich auf die Bank und schläft ein),

FUNKE *(singt)*. Mögest still und golden träumen,

Möge dich beschützen Gott!
Nur zur Herrin ohne Säumen...

(Ab).

ALINA (im Traum). Ach, Beeren... Beeren.. so viel... so roth!

━━━◆━◆━◆━◆━◆━━

II. AUFZUG.

I. SCENE.

Wald am Goplosee. Sonnenaufgang. PUCK führt den WEIDENSTOCK herein, dieser ist mit rother Sumpferde beschmutzt und trunken).

WEIDENSTOCK. Nein! keinen Schritt mehr weiter.

PUCK.   Wir sind nun zur Stund
    Ganz nah' an deiner Hütte.

WEIDENSTOCK.   Nein, mein schwarzer Hund,
    Ich glaub' dir nicht... du irrst mich, führst an koth'gen Platz,
    Ich steck' drin... und du wedelst mit dem Schweif, du Katz...
    Wollt' streicheln dich, da stoben Funken nach dem Streiche...
    Will schlafen nun.

PUCK.   Ein Prischen.

WEIDENSTOCK (eine Eiche fassend).   Ei, mich hält die Eiche...
    Nun ja, wir sind ja Freunde... O mein Kamerade...
    Ich achte dich, du weisst, bin offen und gerade...

PUCK. Jetzt weiter..,

WEIDENSTOCK.   Nun die alte Freundschaft ich erneuet,
    Fürs Paradies, wo Gott an Spatzenjagd sich freuet,
    Word' ich den Freund nicht lassen, der gefährlich wanket
    Bedürftig meiner Hilfe... Schau, der Ärmste schwanket,
    Her, Hund — und leuchte näher... aha... fort die Eiche —
    Sie kennt mich nicht, — dem grünen Schilfe ich wohl gleiche —
    Im Koth die ganze Nacht...

PUCK.   Komm' auf ein Gläschen.

WEIDENSTOCK.   Sieh,

    Da bin ich gleich dabei, gleich mit von der Partie...

    Nur schau, es ziemt sich nicht, denn, merkst du, angenommen,

    Die Schenk' ist eine Dam' und liebt, wird selber kommen...

    Nicht lohnt es, nachzulaufen... Wo kriegst du den Tabak?

PUCK. Beim Lucifer.

WEIDENSTOCK.   Oho, da glaube, wer es mag...

    Such' Hund nach Hasen, such', — ich schiess', ich bin ein Schütz.

PUCK. Womit?

WEIDENSTOCK Mit meinem Freund, dem guten, alten Blitz.

    Verzeihe, dass wir uns im Sumpfe hier verloren

    Und sassen, wie die Tugend, — Koth bis an die Ohren,

    Und niesten, niesten, grad' einander gegenüber.

PUCK. Was sprach denn da der Schilf?

WEIDENSTOCK.   Ach, du gute, lieber!

    Er half uns auf...

PUCK.   Der Schilf erwies dem Esel Gutes...

WEIDENSTOCK. Und schau, ich glaubte stets, der Schilf sei falschen

PUCK. Nun weiter!   [Muthes,

WEIDENSTOCK.   Ich möcht' schlafen...

PUCK.   Steige auf die Eiche...

WEIDENSTOCK (*singt*). Hoch auf der Eiche,

           Da sitzen Tauben,

           Und Enten schwimmen im Teiche...

    Du bist mein Freund, so magst die Bitte mir erlauben;

    Lasst mir die Hosen waschen...

PUCK.   Was? Und deine Glatze

    Bleibt unbedeckt?

WEIDENSTOCK.   Du willst nicht? — fort, du Hexenkatze!

PUCK. Leb' wohl nun...

WEIDENSTOCK.   Schlaf geruhig, schlaf, du lieber Rüde!

    Ich möchte noch ins Wirtshaus, doch ich bin zu müde.

    Nun gute Nacht...

                 (*Er schläft ein*).

PUCK.   Die Menschen gleichen dummen Thieren!

    Er soff und liess sich dann mit rothem Lehm beschmieren

Und schläft! nun komme sie, zu sehen ihn im Koth!
(Goplana und Funke treten auf).

GOPLANA. Wo ist er? schlafend? — Mag das Morgenroth
  Mit erstem Strahl den lieben Schläfer wecken;
  Doch trauernd es das Äntlitz seitab wende
  Und kühler Thau die Sonne mag bedecken,
  Dass Licht ihm nicht die lieben Augen blende.
  Uud dich, mein Puck, ich nun belohnen muss,
  Nimm da...

PUCK *(empfangt die Gabe)*. O Dank! da, eine taube Nuss
  Voll faulen Schnupftabaks, zum Rande voll...
  Nun werd ich's Bauernvolk mit Spaniol
  Bewirten...

GOPLANA *(zum Funke)*. Wird um eine Kirkor frein?

FUNKE. Um beide...

GOPLANA.   Beide? Funke, bist du toll?

FUNKE. Sie kommen Beeren suchen in den Hain,
  Wie ich dir sagte...

GOPLANA.   Rath' nun, was ich soll?...

FUNKE. Lass walten Balladinas schwarzes Herz!
  Ich sah in ihr des Neides herben Schmerz,
  Noch mehr als Neid...

GOPLANA.   Und wie verstrich die Nacht?

FUNKE. Alin' um Beistand flehte Gottes Macht
  Und schlief gar still und träumte Beeren roth.
  Die Andre sah ich mit der Lampe gehen,
  Wann Händeschlag sie in den Hain entbot.
  Ich flog ihr nach, wollt das Geheimnis spähen,
  Warum sie geht... Wie leichte Dunstgestalten
  Schlich sie im Rasen zitternd leise hin...
  Des Lichtes Flamme durch die Rosenspalten
  Der weissen Finger rosenfarbig schien,
  Bald hell, bald matter flackerte der Schein...
  Aufwacht' der Vogel,... schlief dann wieder ein..
  Sie glitt so still, wie leiser Lüftchen Tanz...
  So still... Es schwebte goldner Falter Kranz
  Im Kreis sich drehend überm Haupt ihr fort,

Sie stand... ich lauschte... da — ein leises Wort
Im Espenlaubgeflüster ich vernahm...
Und eine Antwort...

GOPLANA.   Ah, des Weges kam
Wohl eine Freundin?

FUNKE.   Nein... Soll ich dir's sagen?

GOPLANA (auf den schlafenden Weidenstock weisend).
Er?

FUNKE. Ja.

GOPLANA. Ach, Puck, ich hab' dir aufgetragen,
Zu hindern...

PUCK.   Hindre wer das Liebespack!

GOPLANA. Sperr', Funk, in eine Muschel ihn, — im Boot
Wie Katzen durch den See er schwimmen mag...

PUCK. O Herrin, Herrin! lieber gib den Tod!

GOPLANA. Ich darf nicht tödten, aber kann bestrafen...

FUNKE. Nun komm, Herr Puck, — dein Schiff wird bald beschafft.
(Puck geht, Gesichter schneidend, hinter Funke ab).

GOPLANA (allein) Er sah sie doch... er sah sie in der Nacht;
O weh! Er sah sie in dem Espenhain. .
So möge nun erlöschen Sternepracht,
Die dort geglänzt, — erlisch, du Mondesschein!
O dass der Engelstrasse weisser Pfad
In Staub zerränn'! Er hatte sie gesehn!
O dass sie einen, einen Blick verkaufen,
Vertauschen möchte für Brillantenhaufen...
Wie soll ich strafen ihn? — In Epheuranken
Mich wandeln und mit starkem Blumenband
Zu Tod ihn winden... ach, aus diesem Kranze
Wird lebend er entschlüpfen, während ich
In Liebesglut zu Tode welken werde.
Wie strafen?... ja... verwandeln ihn geschwinde
In eine Trauerweid' — umhüllt mit Rinde...
Und nieder hangen soll dann jedes Blatt,
Wie trauernd unter des Vergehens Last,
Und weinen... Theurer, wenn ich so dich schaue,
Dass du mit Thränen meine Thrän' vergiltst,

5

So werd' ich weinen, dass die Weide weint.

(Funke kommt zurück).

FUNKE. Schon munter ihn dahin die Fluten tragen,
  Den See bereiset er im Muschelwagen,
  In dem der sel'ge Frosch bequem einst ruhte.

GOPLANA. Nun schneide, Funk', mir eine Weidenruthe.

(Funke reicht ihr die Ruthe).

Erwache, Lieber, aus dem Schlaf dich raffe
Und sag'...

WEIDENSTOCK *(schläfrig).* Ich hab getrunken viel und schlafe...

GOPLANA. Gesteh', warum du Abends mit so süssen
  Gesängen...

WEIDENSTOCK *(noch immer verschlafen)* Reich' mir einen Pilz zum Kissen
  Dass ich bequem den Kopf mir strecke weich...
  Willst nicht? — verschwind' du Molch, du Fisch im Teich!

GOPLANA. Erkenne Goplanas Macht!
  Versinke und wachse wieder
  Wie Weiden, mit Rinde bedeckt,
  Mit hangendem, trauerndem Laub.

(Weidenstock versinkt, — eine Weide wächst aus der Erde).

Nun wachse, du Trauerweide,
Und führ' über Vögelein Klage,
Über des Baches spülende Flut.
Klag', wenn das Lüftchen im Walde
Zerstreut dein bebendes Laub.
Die Nachtigall dich erfreue
Mit Liebesliedern und lehre
Der Sehnsucht Thränen vergiessen.
Aber der Raben krächzendes Volk
Fern bleibe mit Grabesliedern,
Denn Leben noch quillt in dem Baum.

FUNKE. Wie schön das Laub im sanften Wind sich wiegt,
  Zum Gruss dem Himmel leicht der Stamm sich biegt,
  Zur Weid' geworden ist ein menschlich Wesen
  So schön, wie es im Leben nie gewesen.

GOPLANA. Nach seinem Liebchen möge er nun spähn,
  Aus harter Rinde nach dem Mädchen sehn

Mit Knorrenaugen...

FUNKE. Da — zwei Dirnen gehn.
Am Haupt hat jede einen schwarzen Krug,
Sie suchen Beeren.

GOPLANA. Ins Gestrüpp, im Flug!

(Goplana und Funke verbergen sich, — Aline tritt auf, mit einem Krug auf dem Kopfe).

ALINA. So viele Beeren — alle rosenroth!
Wie Perlen blinkt krystallner Thau daran,
So roth ist auch Graf Kirkors Kirschenmund,
Wie diese Beeren... Ach, ihr Veilchen zart
Vergebens winkt ihr, — heute kann ich nicht
Blau Veilchen pflücken, denn der Schwester Krug
Wird voll von Beeren, — sie wird eilen schnell,
Den Mann sich holen — und ich blieb' mit euch
'ne alte Jungfer... Wärt ihr, Veilchen lieb,
Wie Rosen gross, mit goldnem Blätterkranz,
Ich suche Beeren doch.

(Sie singt, Beeren sammelnd).

Mein Trauter, mein Lieber
Ist ein Herr voll Ehren.
Ach, für meinen Lieben
Pflück' ich diese Beeren.
Denn es wird ihn besser freun,
Bring' ich voll den Krug herein,
Als ein Feld voll Ähren — ah!
Als ein Feld voll Ähren.

(Geht in den Wald. Balladina kommt mit innem Krug).

BALLADINA. So wenig Beeren — alle blutigroth!
Warum so roth der erste Sonnenstrahl?
Ach, lieber dunkle Nacht als so ein Tag —
Wo ist Alin'? — Sie wandte sich nach rechts
Und hat schon wohl den Krug von Beeren voll,
Ich wandle unter Beeren wüst' und wirr
Und mische meine Thränen mit dem Thau.

ALINA *(aus dem Walde).* Lieb Schwester mein! Geliebtes Schwesterlein!
Wo bist du?

BALLADINA.   Ha, wie ihre Stimme lacht.
    Sie hat den Krug schon voll gewiss...

(Alina tritt auf).

ALINA.   Wie geht's?

BALLADINA. Was?

ALINA.   Voll der Krug?

BALLADINA.   Nein...

ALINA.   Liebe Schwester mein,
    Was triebst du?

BALLADINA.   Nichts.

ALINA.   's ist schlimm, du Röslein lieb...
    Mein Krug ist voll, nur eine Beere fehlt.

BALLADINA. Nimm sie aus meinem Krug!

ALINA.   Mein liebes Herz!
    So sage doch, wo weiltest du bis jetzt?
    Zusammen giengen wir und Zeit genug
    Zum Sammeln war — ich stahl dir nicht den Hain —
    Warum ist nun dein Antlitz bleich und blass,
    Der Mund verbissen?

BALLADINA.   Sieh, da schlängeln sich
    Aus deinem Krug die Beeren, schlangengleich,
    Mit scharfem Stachel nagen mir am Herzen.
    So geh', — werd' Gräfin! Deine Schwester wird,
    Ein Rind am Pfluge, ziehn der Arbeit Last,
    Öhl pressen dir aus stacheligem Samen...

ALINA. Ach, schäme dich... ich bitte, klage nicht
    Ob meines Glückes.

BALLADINA.   Ha, ha, ha!...

ALINA.   Was soll
    Das schrille Lachen? Schwester, bist du krank?
    Wann dich Verzweiflung schmerzlich plagt, so sprich —
    Du liebst den Grafen Kirkor? Liebst du ihn?
    Du liebst ihn sehr? — So sag' es nur heraus...
    Denn sieh, mein Herzchen, Ritter gibt's genug,
    Als Gräfin find' ich bald dir einen Mann...

BALLADINA. Du Gräfin? Du? Du Gräfin?...

(Zieht ein Messer aus dem Busen).

ALINA.   Balladina!
Was soll das Messer?

BALLADINA.   Das?... im Beerenstrauch
Oft Schlangen lauern...

ALINA.   Dein Gesicht ist fahl —
O du mein Röslein! Sag', was fehlet dir?
Warum erblichst du? Gott, das ist ein Graus!
Ein Wort doch rede... Komm, setz' dich zu mir!
Wir werden reden ein gescheidtes Wort,
Wie Schwestern sollen.
                         (Sie setzt sich nieder).
                         Kirkor ist mir wert,
Doch nicht darum, weil er so schrecklich reich,
Weil er ein Ritter, Herr von grossem Hof,
Weil Goldkarossen, Goldgewand er hat; —
Doch freut es mich, dass eitel Gold ihn schmückt,
Dass er ein Schwert führt, tausend Diener nährt,
Wie jener Märchenprinz, der doch entstammt
Von einem König — und im Haine trifft
Verzaubert eine Königstochter...

BALLADINA *(steht auf, verwirrt).*   Oh!

ALINA *(steht auf).* Was willst du?

BALLADINA *(mit wachsender Verwirrung).*
                         Wenn ich nun dich stäche todt?

ALINA. Was fällt dir ein?

BALLADINA.   Gib her den Beerenkrug!

ALINA. Wer weiss, lieb Schwester, wenn du bätest schön,
Und küssen möchtest zart Alinchens Mund,
Möcht' geben ich vielleicht?... Versuche doch...

BALLADINA. Ich? bitten?

ALINA.   Sonst bekommst die Beeren nicht.

BALLADINA *(kommt auf sie zu).* Was? was?

ALINA.   Denn siehe, dieser Beerenkrug,
Das ist mein Glück, mein Liebster, mein Gemahl,
Mein goldner Traum, des Bräutchens Myrthenkranz,
Mein alles...

BALLADINA *(wüthend zudringlich).* Da! Gib her mir diesen Krug!

ALINA. Wie, Schwester?

BALLADINA. Gib! — sonst...

ALINA (*mit kindlicher Laune*). Nun, was gibt es sonst?
    Hast keine Beeren, — wirst da sammeln wohl
    Vom Eichbaum dürre Eicheln? Weidenlaub?
    Wenn auch, ich laufe schneller, komm' zuvor,
    Den Rain entlang und...

BALLADINA. Du?

ALINA. Du weisst es ja,
    Dass ich die Wett' dir immer abgewinne.

BALLADINA. Du?

ALINA. Oh, nicht komme mir mit diesem Blick...
    Ich weiss nicht, Schwester... doch... mir graut vor dir!

BALLADINA (*nähert sich und ergreift ihren Arm*).
    Mir grauet auch... da... leg' dich nieder... hin...
    So liege !... ha !

(*Tödtet sie*).

ALINA. Oh! lass' mich! oh! ich sterbe...

(*Sie fällt*).

BALLADINA. Was machte meine Hand?

STIMME AUS DER WEIDE. Jesus, Maria!

BALLADINA (*ausser sich*). Wer da? Wer rief? — Hab' selber ich gerufen
    Für mich Gebetes Worte? — Schlang' voll Gift,
    Ein Weib, — und Schwester — nein! Ein blutig Mal
    Auch hier — und da — und da —
    (*Weist auf die Stirne und befleckt sie mit dem blutigen Finger*).
                                        Wer mordet doch
    Für einen Beerenkrug die Schwester gleich?...
    Wenn jemand fraget, jemand aus dem Wald? —
    Ich kann nicht läugnen, muss gestehen bald:
    Ich that's! — Wie? Ich? — Ich könnte gestern noch
    Beschwören, dass nicht ich... Fort in den Wald!
    Das Herz von gestern beten, flehen soll...
    Ach, gestern hab' ich kein Gebet gesprochen...
    Und heute ist's zu spät... Es ist ein Gott
    Im Himmel, — doch ich will vergessen ihn
    Und leben ohne Gott.

(Eilt in den Wald. Goplana und Funke treten auf. — Alina liegt todt.)

GOPLANA.   Welch' Greuelthat!
Die Menschen schlachten so einander ab!
Ich weiss nicht, was in solchem Fall beginnt
Der Menschen Klugheit? — Geister kennen nicht
Der Kräuter Kraft und Macht, die Wunden heilt;
Sie ist noch warm, lebendig noch vielleicht?
Der Klausner sammelt Kräuter oft im Walde,
Er könnte sie durch treue Pfleg' und Hut
Zum Leben bringen... Ach, mein lieber Funke,
Geh', hol' den Klausner.
                    (Funke eilig ab).
                    Wenn die Mörderin
Zerknirscht zu Boden sinket auf die Knie,
So mögen Dornen, Stachel sie empfahn.
Es jage sie der Wind in wilder Flucht,
Es schrecke sie des Baches stille Flut,
Wie ihrer Schwester jammerndes Gestöhn...
                    (In den Wald blickend).
Da kommt der Hirt, der sich so elend nennt,
Verbannt von Land des Glückes, der umsonst
Auf Erden Liebe suchte, — nun verliebt
In Blumen, Sterne, Sonn', — er finde sie.
                    (Ab in den Wald. — Philon tritt auf).
PHILON *(emphatisch)*. Was leuchtest mir, du Titans holde Braut?
Dein rosenrothes Antlitz nun erblasst...
Was blickst du Phoebus? — Auf Thetidens Schooss
In Lieb' vergehend, weiltest du die Nacht;
Nun lenkst du dein hinstürmendes Gespann,
Vom nassen Kleide tröpfelt Silberthau, —
Beglückter Phoebus!... Sieh, Diana, blass,
Verliebt in deine goldumrahmte Stirn,
Im Blau Eudymions glühnde Blicke flieht,
Von deinem Strahle tief im Herzen wund.
Ach, Liebe — Leben, Licht und Paradies!
Ich liebte nie! oh, weh' mir, ewig weh!
                    (Er erblickt Alinens Leiche).

Ha! eine Göttin! Bleich wie Marmorstein!
Entseelt! O Gott! Ein himmlisches Gebild,
Ein übermenschlich Wesen... und entseelt!
Die Trauerweide trauert über ihr —
Und meine Seele, sonst so fühlend, zart,
Hat keine Thränen?... Ja, die Einsamkeit
Macht meiner Augen reichen Quell versiegen!
Wie schön! — Wie war sie gestern voll Gefühl!
Wie wohl stand ihr der frohe Hochzeitkranz!
Wie mocht' sie lieben!... Und der falsche Tod
Das Leben nahm, — und Leichenschönheit nur
Zu meinem Unglück gab er diesen Zügen...
Geliebter Engel! Süsse Todesbraut!
Wie liebevoll, hält noch die weisse Hand
Den schwarzen Krug... Ein rother Strom entquillt
Dem Krug — und deiner Alabasterbrust
Entströmt ein zweiter blutig rother Quell,
An Farbe schöner, als der Beerenstrom.
Gewissensqual wird doppelt ihn verfolgen,
Den Mörder für die zwei vergossnen Ströme...
Doch hat's ein Thier des Waldes wohl gethan...
Wie könnt' ein Mensch? — Ach Gott'... da lieget ja
Ein rostig Eisen — Also doch ein Mensch!...
Nur in dem Himmel wird man ihrer frei!
Schlaf' ruhig, Theure! — Dich erweckt nicht mehr
Mein Kuss.. doch mir mög' bringen er den Tod..

(Er küsst den Mund der Todten und hebt das Messer auf. — Der Ein-
siedler kommt herangeeilt).

EINSIEDLER. Halt! Halt, du Mörder! — Dieses Eisen drückt
Er an den Busen..

PHILON.   Vater, schau' sie an!
Ich finde endlich die Geliebte..- todt!

EINSIEDLER. Ha, wessen Schwert bringt solchen Blumen Tod,
Und warmes Blut vergiesst in dieser Öde?
Ist König Popiel hier und schändet schnöde
Des Waldes weisse Lilien?...

PHILON.   Dies Blut

Wasch' ich mit Thränen...

EINSIEDLER. Schäme dich der Thränen...

PHILON. Ach, sie ist todt, — schau' her!... die blaue Blume,
Des Todes Zeichen auf dem weisen Schooss,
Des Todes Stern ..

EINSIEDLER. Du bist so rüstig, jung,
Heb' auf die Leiche, trage sie mir nach;
Wir führen beide hin die leichte Last.
Hab' Kräuter in der Klause...

PHILON. Du entzückst
Mit Hoffnung meine Seele, richtest auf
Die schmerzgebeugte, die schon stürzen wollte
Ins Trauergrab .. O lass mich einen Zweig
Von jener Weide brechen, wo sie fiel,
Die heiss geliebte, mörderisch durchbohrt...
Hier sah ich sie . und liebte, — und verlor,
Eh' ich sie liebte .. Das verlorne Glück
Erhellt das Einst! Ich habe nichts gewonnen,
Den Schatz mir hebend...

(Bricht einen Zweig von der Weide).

STIMME AUS DER WEIDE. Weg! Ich bin betrunken .

PHILON. Die Weide spricht...

EINSIEDLER. Im Walde Teufel hausen,
Ich kenne sie; sie pochen an die Klause,
. An Fenster oft...

PHILON. Im Walde Engel sind,
Doch todt..

EINSIEDLER. Mit deinem Engel komm' herein!
(Philon hebt die Leiche Alinens auf und geht mit dem Einsiedler ab. Go-
plana und Funke kommen aus dem Dickicht).

GOPLANA. Fluch, Fluch den Menschen! Wagte einer doch
Von diesem Baum zu brechen einen Zweig!
Er muss wohl leiden..

FUNKE. Aus der Wunde quillt
Ein bitterer Strom... gebranntes Wasser wohl,
Das sie aus Weizen durch das Feuer pressen
Und saufen...

6

GOPLANA.   Ach, verloren eine Thräne..
Umsonst verloren fliesset jeder Tropfen,
Wenn nicht für mich von deinem Aug' er fliesst.
Schon morgen, Liebster, morgen wirst du frei,
Wirst schmälen mich, dass ich so grausam habe
Von éinem Tag zum andern dich gequält...
Verschwinde, Funke, — siehe, Balladina
Wankt her, verirrt im Walde, leichenblass,
Mit fahlem Antlitz, aufgelöstem Haar.
Ich bleibe hier, verhülle das Gesicht
Und werd' sie grüssen mit der Schwester Stimme,
Der schreckverwirrten Qual und bittre Pein...
                    (*Funke ab*).

BALLADINA (*tritt auf, im Wahnsinn*).
Mich jagt der Wind und nach der Schwester fragt,
Und ruft zur Antwort selber: todt, ach, todt!
Die Bäume rufen: Deine Schwester? wo?
Ich wollt' das Blut verwischen.... aus dem Quell
Ihr Antlitz blickte stumm und blass mich an ..
Wo bin ich nun?... Ha, diese Trauerweide...
Dieselbe, wo... die Schwester... ah... sie lebt!.

GOPLANA. Lieb' Schwester...

BALLADINA.   Grässlich klingt mir dieser Gruss...
Ein Leichnam winkt mir zu mit weisser Hand...
Mein Haar, von Wasser triefend, sträubt sich auf,
Zurück mich ziehend... Doch die Füsse starr,
Vermögen nicht...

GOPLANA.   Sagt dir nicht Seelenqual,
Dass eine schlechte That du hast verübt?
Wenn sie noch lebt, die Schwester?

BALLADINA.   Lebet noch?

GOPLANA. Schlügst du sie wohl zum zweiten Male todt?

BALLADINA (*sucht herum*). Mein Messer — wo? verloren.

GOPLANA.   Ach, zu kurz
Das Messer war...

BALLADINA.   Das ist nicht meine Schuld!

GOPLANA. Doch wenn Alina dir verzeihen würde,...

Vergessen alles,... sagen : Schwester lieb,
Es träumte mir, dass Abends in die Hutte,
Eh' du hinaus mit einem Licht geschlichen,
Ein Ritter kam, — doch es war ein Vampyr, —
Er schenkte beiden Schwester heisse Liebe
Und schickte uns nach Beeren... In dem Wald,
— Es träumte mir, — ein Messer zücktest du
Und stachst mir... Doch erwachte ich darauf...
Nun soll uns jemand deuten diesen Traum.

BALLADINA (in Gedanken).
 Ein Traum... ach ja... auch mir kommt es so vor,
 Dass es ein Traum ist...

GOPLANA.   Traum ist leerer Schaum.

BALLADINA Ein Traum...

GOPLANA.   Die Mutter wird uns schelten nur,
 Das wir zu lange weilten in dem Hain.

BALLADINA. Doch wo der Ritter?

GOPLANA.   Traum,.. verschwunden...

BALLADINA.   Nein!
 O grässlich! Schwand der Ritter wie ein Traum!

GOPLANA. Ich lebe doch...

BALLADINA.   ·O wärst du lieber todt!
 Ein Traum... Schon hat gewöhnt sich der Verstand
 An deinen Tod. — Das Blut noch abgewischt
 Von meiner Hand, — dann könnt ich glücklich sein.

GOPLANA (enthüllt das Gesicht). So lebe glücklich, Unhold! Sie ist todt.

BALLADINA. O grosser Gott! Welch Schreckbild.. welch Gespenst!

GOPLANA. Ein Dunstgebilde, das der Wind geformt
 Aus blauer Krystallflut — das Morgenroth
 Mit Blumenglanz gemalt. — Doch fürchte nicht!
 Nicht wird verrathen die geheime That.
 Ich lasse dir, wie das Verhängnis heischt,
 Des Ritters Hand und des Verbrechens Hand,
 Sie führt dich weiter auf des Frevels Bahn.
 Nun geh', verzehrt in geheimer Qual,
 Die rothe Beere drohet dir Verrath ;
 Dich hat gesehn der Trauerweide Laub,

Verrathen kann der Rinde Zauberschrift...
Erzittre vor dem Baume, vor der Blüt'!
Lilienblume, weisser Rosenkelch
Im Brautkranz, in des Ehebettes Schmuck
Wird deinem Auge scharlachrothes Blut
An jedem Blättchen weisen schauervoll.
Geh', nimm den Krug! — Ich will dich nicht verderben!
Doch Rache droht Natur, die du verhöhnt
Mit schnöder Hand' — Nun geh' in deine Hütte.

(Balladina nimmt aus Goplanas Hand den Krug Alinens und geht schweigend weg).

Sie gieng! — Das blut'ge Kleid wird reingewaschen,
Doch bleibt ein blutig Mal an ihrer Stirn,
Nicht mahnt' ich sie, — die Mahnung hülfe nichts,
Nie weicht von ihrer Stirne dieses Mal. —
Nun eil' ich auf die krystallhelle Flut
Und senke diese Bilder, voll von Blut,
Tief in die Welle... Wenn der Mond erscheint,
Komm' ich zu lauschen, wie die Weide weint.

(Geht ab).

II. SCENE.

Eine Bank, von Linden umschattet, vor der Hütte der Witwe Die WITWE
und KIRKOR sitzen auf der Bank.

KIRKOR. Sie kommen nicht.
WITWE.   Sie kommen bald, mein Prinz!
Die eine nach der andern, Gänschen zwei,
Eins nach dem andern. Von dem alten Aug'
Stürzt Gott zu Dank ein heisser Thränenquell,
Wann ich sie schaue...
KIRKOR.   Welche kommt zuerst?
Ob Balladina...
WITWE.   O ja! sie gewiss!
Sie ist die erste immer, überall,

Sie führet in der Kirche den Gesang.

Alinchen auch —

KIRKOR.　　　　So kommt vielleicht Aline

Zuerst?

WITWE.　　Wohl möglich, dass Aline kommt.

Es steht bei Gott!

KIRKOR.'　　　　Doch weisst du, Mutter lieb,

Mir ist um deine Mädchen angst und bang...

WITWE. So ist mir auch... Es spuckt mir was im Kopf

Und drückt wie Alp. Es kommet zwar nicht vor,

Dass es im Lenz an Beeren fehlen sollte

Im Wald, — doch nun, wenn es geschehen würde,

Dass keine Beeren wären... Vor dem Schlaf

Fiel es mir ein, wenn es an Beeren fehlte

Im Wald? Doch dann ich selbst mich wieder schalt;

Denn hat das Pferd nicht Hafer in der Kripp',

So frisst es Heu; — sind Himbeern nicht im Wald,

So pflücken Erdbeern sie. — Doch, ihr vom Hof,

Ihr wisset nicht, was eine Himbeer' ist,

Was Erdbeer', was der Hafer und das Heu,

Was wilder Schwarm, was guter Immenstock.

Ihr kennt nur Gold, ja Gold und immer Gold...

KIRKOR. O glaub' es nicht... Uns fliesset mancher Tag

In herber Qual so trüb auf hoher Burg.

Ich ziehe vor dein Leben ländlich still.　　—

Wie lieblich ist's, in schatticht kühler Flur

Der Gattin harren, — ach wie labend wiegt

Das Herz mir ein der milde Morgenhauch!

Du bist so gut, ob grob auch dein Gewand.

WITWE. O bitte! 's ist mein feiertäglich Kleid,

Von echtem Zitz! — Ich trage diesen Schmuck

Zu hohem Feste... Balladina kommt!

KIRKOR. Wo?

WITWE.　　　Noch nicht da... doch Mutterherz es weiss.

Sieh', Prinz, sieh' dort... das Schwälblein aschengrau

Kriecht unters Stroh und drückt sich unters Dach

Und flattert nicht... Und wenn Aline nun

Käm' aus dem Wald, da wäre hier, mein Herr,
Ein froh Gezwitscher, eitel Saus und Braus,
Da flattert eine nach der andern hin
Dem Mädchen zu und schwirret überm Haupt,
Wie ein Gewölk von kleinen, schwarzen Sternen
Ob einem weisen Stern...

KIRKOR.   Wie kommt es denn,
Dass sie die jüngre suchen?

WITWE.   Wer erräth's?
Doch Balladina kommt — nun sieh!

KIRKOR.   Wie schön
Der schwarze Krug ihr überm Haupte steht.
          (Balladina kommt mit gesenktem Haupt).
Gib mir den Krug, lieb Mädchen, und dafür
Nimm diesen Ring...

(Er nimmt den Krug. Balladina wendet das Antlitz ab, — er steckt ihr
          einen Ring an den Finger).

WITWE.   Brillanten glänzen hell!

KIRKOR. O wär' das Leben uns ein Paradies!
Geh' in die Kammer nach der Väter Sitte
Und Mädchen sollen dein geflochten Haar
Mit frischen Blumen schmücken auf dem Haupt.
In einer Stunde aus der Mutter Hand
Bekränzt und zitternd nehm' ich dich zur Gattin.
Der Wagen harrt, den Priester hol' ich bald.
          (Geht ab).

BALLADINA. Oh!

WITWE.   Seufzest du? Und deine Lippen blass,
So eingedrückt?...

BALLADINA.   O meine Mutter du,
Wie soll ich sagen?...

WITWE.   Rede, theures Kind!
Erbebst du schon und willst dem Ehebett,
Ein flüchtig Reh, entfliehen.

BALLADINA.   Schlimmes viel
Hab' ich zu sagen...

WITWE.   Was?

BALLADINA. Du glaubst es nicht!
Aline — ach... die Schwester, — noch so jung
Und so geliebt — wie schade doch um sie!
WITWE. Was ist?
BALLADINA. Doch du verzogst sie allzusehr —
Dein ist die Schuld, dass ..
WITWE. Sprich! Ich lebe kaum. .
BALLADINA. Ich fürchte, dass der Mutter blinde Liebe,
Ihr zärtlich Herz mir keinen Glauben schenkt
Doch — wär' es denkbar, dass das junge Kind
Entflieht ..
WITWE. Mein Kind... Alina?
BALLADINA. Ist entflohn.
WITWE. Wohin?... mit wem?... vom Mutterherzen fliehn!
BALLADINA. Ich hab' es lange, lange schon geahnt.
Ein Vagabund schlich ihr schon lange nach,
Ins Ohr ihr flüsternd falsche Liebesschwüre.
Ich mahnte sie, doch weisst du ja seit jeher,
Wie sie mir folgte... Heut' ist sie entflohn...
WITWE. Du schlechtes Kind! — Geh' in der Hölle Schlund!
Du dachtest meiner alten Augen nicht,
Nicht meiner Thränen... gut ich werde nicht
Beweinen dich... Denn deiner Mutter Schooss
Hegt Drachenbrut statt Herz, — in Stück' gehauen
Werd' es zusammenwachsen, glaubst du wohl.
Ich wollt' die Undankbare schelten, schmähn,
Verfluchen, quälen... — Meiner Augen Paar
Wollt' ich wie Messer stossen ihr ins Herz,
Wie Messer ..; doch die Thräne geb' ich nicht.
Du sähest wohl die alte Mutter rasen —
Doch, fort die Thräne — nein, nein, nein!
(Sie schluchzt).
BALLADINA. O Gott!
Dich so betrüben!
WITWE. Oh! mich so betrüben!
BALLADINA. Die Mutter so betrüben!
WITWE. O mein Gott!

Die alte Mutter... Doch sie kommt vielleicht,
Nicht wahr? — sie kann noch kommen uns zurück.
In stiller Nacht, beim Flackerschein des Kiens
Wird sie der alten Mutter denken doch...
Sie hätt' kein Herz, wenn sie der Mutter nie
Gedenken möcht...

BALLADINA.   Da kommt das Brautgeleite.

(Hochzeitmusik).

WITWE. Ha, die Musik — voll' Trauer und voll Lust...
Du bist mein Schatz nun... Reiche mir die Stirn,
Dass ich sie küsse.. Doch was soll das Mal,
Wie Blut, so roth?

BALLADINA (*mit Entsetzen*). Wie Blut?

WITWE.   Wohl Beerensaft..
Vielleicht... ich wisch' es ab...

BALLADINA (*abwischend*).   Ich thu' es selbst.

WITWE. Noch nicht...

BALLADINA (*heftig wischend*). Und jetzt?

WITWE.   Noch immer glänzend roth,
Wie der Rubin in deinem Ehering.

BALLADINA (*einem abwischend*). Und nun?

WITWE.   Noch immer, wie ein rothes Blatt
Erglänzt das Mal...

BALLADINA.   Oh, grässlich!

WITWE.   Dieses Mal...
Gib her die Stirn, — ich wisch' es klüglich ab...
Vielleicht verwundet...

BALLADINA.   Mutter, rühr' nicht an
Das rothe Mal..

WITWE.   Thut's weh' vielleicht?

BALLADINA.   O nein!

WITWE. Ich hole Wasser her von jenem Quell
Vom Pappelbaum...

(Geht ab):

BALLADINA.   Verschwind', du blutig Mal!...

(Das Brautgeleite kommt mit Musik — die Brautjungfern voran. — Balladina wendet das Gesicht weg).

CHOR DER BRAUTWERBER. Blick' nicht auf die Seite,
Mädchen zart und fein!
Harrt das Brautgeleite,
Harrt der Gatte dein.
Blick' nicht auf die Seite...
CHOR DER BRAUTJUNGFERN. Weithin will man dich entführen;
Mögen schützen dich und zieren
Diese Blüten...
CHOR DER BRAUTWERBER. Weisse Blumen wenig nützen,
Vor dem Liebsten nicht beschützen,
Nicht behüten...
(Die Brautjungfern reichen ihr Blumenkorbe).
BALLADINA. Fort! Sah man je auf weisser Rosenblüte
Ein blutig Mal? — Hinweg die Blumenkörb'!
(Flieht in die Hütte).
BRAUTJUNGFER. Verschmäht die Blumen, die ich ihr gebracht,
Ich, alte Freundin ..
EIN JÜNGLING.   Seht, im dichten Staub
Glänzt die Kaross', den Priester Kirkor holt.
EIN ANDERER. Bei diesem Glanz erlischt der Sonne Gold.

III. AUFZUG.

I SCENE.

Die Hütte der Witwe eingeäschert — vor der Brandstätte einige Männer
und Weiber.

ERSTES WEIB. Nun seht, der Teufel bringt den Menschen Glück!
Die Bettelwitwe, ihr verzogen Kind —
Besprengt mit Koth uns in der Goldkarosse,
ZWEITES WEIB. Ja, bitter ist's, und uns entschlüpfet stets,

Was andre finden.

GREIS.   Doch ich sage euch,
Das Weib ist redlich, — Vater Adam könnt'
Zur Frau sie nehmen, — wäre besser dran,
Als mit der Eva...

ERSTES WEIB.   Ja, hat keine Zähne,
Drum hätt' sie in den Apfel nicht gebissen.

GREIS. Bedenket, dass sie Arme oft gepflegt..
Du Schreihals selbst, du loses Lästermaul,
Wärst lange schon in Teufels Krallen gar,
Wenn nicht die Alte...

ZWEITES WEIB.   Auch mein Hans verdankt
Das Leben ihr, — drum neid' ich nicht ihr Glück.
Ich polstre mir den Wagen hoch mit Heu
Und fahr' ins Schloss zu ihr hin auf Besuch.

MÄDCHEN. Und Balladina wird sich meiner freuen,
Ich fahre, Mutter —

ZWEITES WEIB.   Wie du willst, mein Kind —
Und pflücke Wiesenblumen, roth und blau
Zum Kranz für sie...

GREIS.   O Weib, fahr' nicht dorthin!
Bedenk' den Brand!

ZWEITES WEIB.   Nun was, — dass sie verbrennt
Die Strohhütt' — was?

GREIS.   Sie schämen sich gewiss
Der Hütt', des Strohs, der Blumen, unser —

ERSTES WEIB.   Wohl!
Ich sagte ja, sie treiben Spott mit uns,

GREIS. Lasst sie in Ruh'...

MÄDCHEN.   Und diese junge Braut,
Wie rümpfte sie die Nase, habt gesehen? —
Ein schwarzes Band führt' sie an Kranzes statt
Zum Unterschied,... nicht weisse Rosenblüt'
Im Haar, nein, goldne Rosen... Leichenfahl
Das Antlitz, — stolz das Lächeln, — wenn sie lacht,
Birgt sie die Zähne...

ZWEITES WEIB.   Vor der Mittagsglut

Erreichen wir zu Wagen Kirkors Burg...

ZWEITES MÄDCHEN Fahr' nicht!

MÄDCHEN.   Ich bleib'...

ZWEITES WEIB.   Der Wagen wird mit Heu
Gepolstert; — doch wie soll ich sie begrüssen ?....

GREIS. Müsst artig sein.

ZWEITES WEIB.   Ich fahr'!

MÄDCHEN.   Das brauchen sie !
Sie lassen Brod dir bringen in den Hof,
Du bückst dich, wie ein Kofferdeckel tief,
Sie spuckt vom Fenster. — „Edle Gräfin, hier
Ein Eierkorb für euch". — Zur Macht und Pracht
War sie bestimmt, — sie sollte nehmen ja
Den Weidenstock, den Saufer, sich zum Mann, —
Ihr wisst es nicht? — bei Gott, 's ist weltbekannt,
Sie kannten sich, — doch wo er stecken mag ?
Er war nicht gestern...

ERSTES WEIB.   Hat erfahren wohl,
Und gieng verzweifelnd an den See...

MÄDCHEN.   Nicht leicht
Ersäuft der Galgenstrick...

ERSTES WEIB.   Da kommt er ja
Vom Wald, um ihn die Kinder all vom Dorf,
Wie Spatzen um den Weiher...

(Weidenstock rennt auf die Bühne, hinter ihm ein Haufen Kinder).

MÄDCHEN.   Sprecht mit ihm, ——
Wenn er's nicht weiss, verrathet's nicht zu früh,
Ich hole Erbsen ihm zum Kranz.
                              (Ab).

KINDER.   Herr Stock!
Ein Tänzchen, Stock! Versuch' eins!

WEIDENSTOCK.   Fort, ihr Rangen!

GREIS. Wo weiltest du? warum so düster, trüb?

WEIDENSTOCK. Was? wo ich war?

MÄDCHEN.   Was machtest du?

WEIDENSTOCK.   Ich wuchs.

MÄDCHEN. Wie war's?

WEIDENSTOCK.   Ich wuchs.

KINDER.   Ha, ha! Er war ein Fuchs!
Herr Stock ein Fuchs!

WEIDENSTOCK.   So schweig', verdammtes Pack!
Ich glaube noch zu hören Laubgesaus —
Hätt' ich der Zweige noch so viel am Leib,
Wie gestern, möcht' ich keine Ruthen sparen
Für euern Rücken.

KINDER.   Was Herr Stock doch schwatzt!

WEIDENSTOCK (*zum Greis*). Sag' Alter doch, ob man am Sommertag —
Ob's möglich ist, — ich fühle noch die Rinde, —
Ein Weidenbaum zu werden?

GREIS.   Möglich wohl,
Doch möglich nicht für einen Stock...

WEIDENSTOCK.   Und ich
War Weidenbaum...

GREIS.   Was sagst du?

WEIDENSTOCK.   Was ich sag'!
Der Teufel mög' euch so in Weidenruthen
Verwandeln und der Hölle Ziegenstall
Euch an den Hals! — Doch ich verzweifle fast!
Ich war 'ne Weide!

GREIS.   Doch steckt was darin!
Warst du im Wirtshaus?

WEIDENSTOCK.   Eh' ich Weide ward,
War ich wohl drin.

GREIS.   Und trankst du auch?

WEIDENSTOCK.   Ich trank.

GREIS (*lachend*). So war die Weid' im Traum dir vergekommen.

WEIDENSTOCK (*die Brandstätte anstarrend*). Wo ist die Hütte?

MÄDCHEN.   Welche?

WEIDENSTOCK.   Wo die Witwe
Mit Mädchen lebte?...

MÄDCHEN.   Schau', die Hütte steht'...

WEIDENSTOCK. Wo?

MÄDCHEN.   Trunkenbold!

WEIDENSTOCK   Wo?

MÄDCHEN.   Hier!

WEIDENSTOCK   Die Teufelin

    Mag euch mit Thau bewirten so, wie mich,
    Wenn hier die Hütte...

MÄDCHEN.   Nun sie ist verwandelt

    In deine Kupfernas', als du im Wald
    Ein Weidenbaum geworden.

WEIDENSTOCK.   Teufelsbraut,

    Geh' hin zu deinem Liebsten! — Wo ist sie?

MÄDCHEN. Wer?

WEIDENSTOCK. Balladina —

ERSTES MÄDCHEN (*kommt mit dem Erbsenkranz*). Ist verwandelt auch

    In diesen Erbsenkranz für dich, Herr Stock!

        (*Wirft ihm den Kranz an den Kopf*).

KINDER. Ha, ha! Am Weidenbaum ein Erbsenkranz!

    Wo bist gewesen, Stöcklein lieb, so lang,
    Indes die Braut gekommen an den Mann!

MÄDCHEN. Er war 'ne Weide!

KINDER.   Stöcklein wuchs im Wald!

MÄDCHEN. Die Liebste ihm entflohen ist so bald!

KINDER. Nun nimm zur Frau dir einer Hexe Besen!

GREIS. Komm' in die Schenk' uud wie es hier gewesen,

    Erzähl' ich dir...

        (*Führt den Weidenstock hinaus*).

KINDER (*ihm folgend*). Ein Fink, ein Spatz, ein Zeisig

    Im Walde sangen, wo das Weidenreisig,
    Und drehten Pfeifen... Fort indes die Maid!
    Ha, ha! Der Weidenbaum! Die Weide! Weid'!

II. SCENE.

Prächtiger Saal in KIRKORS Burg — BALLADINA kommt nachdenklich,
reich gekleidet, mit einem schwarzen Band an der Stirn

BALLADINA (*allein*). So hab' ich alles... alles schon... nun gilt's

    Geniessen... vornehm thun und huldvoll lächeln,
    Den Menschen gleich, den ungeheures Glück

Zu Theil geworden... Grössre Sündenlast
Als ich, so viele haben sich gehäuft
Und leben doch. — Mich mahnt des Morgens früh
Und Abends quält und peinigt das Gewissen,
In stiller Nacht weckt aus dem grausen Traum...
O wenn nicht dies '... Doch still, — das Echo spricht:
O wenn nicht dies...

(Kirkor kommt bewaffnet, mit ihm Ritter).

KIRKOR.   Mein junges Frauchen lieb!
Wie fliesst das Leben dir?

BALLADINA.   Still, ruhevoll...

(Von Kostrin tritt auf).

VON KOSTRIN. Die Ritter stehn gerüstet vor dem Thor.

BALLADINA. Wohin so früh im Waffenschmucke, Graf?

KIRKOR. Geliebte, ich muss fort'!

BALLADINA.   Wohin?

KIRKOR.   O Theure!
Ich schwur, des Zuges Ziel geheim zu halten.

BALLADINA. Du gehst? O weh mir elenden!

KIRKOR.   Bei Gott!
Nicht weine, Traute, sonst vernimmst du bald
Zur Antwort ein unritterliches Schluchzen...
Nicht halte mich mit holdem Liebeskosen,
Denn meine Augen, von der Sonne blind,
Verfehlen noch das Ziel.. Nicht zaubrisch walle
Die Brust, von schweren Seufzern hoch geschwellt,
Im runden Mieder... lasse nieder hangen
Der Arme Paar, wie welke Epheuranken.

BALLADINA *(wirft sich ihm an den Hals).*
Wohin, mein Trauter? — Nein! Ich lass' dich nicht!
Warum die Reise? Bindet dich ein Schwur?

KIRKOR. Ich schwor mir selbst.

BALLADINA.   So mög' des Blitzes Strahl
Vom Himmel zucken vor des Pferdes Huf,
Auf dass dein Ross vom Blitzstrahl aufgeschreckt,
Blitzschnell ins Burgthor wende sich zurück.
Und bleibst du lange von der Gattin fern?

KIRKOR. Drei Tage nur...

BALLADINA.　　　　　　Und hast du sie gezählt,
　Der Stunden Zahl, der Augenblicke Zahl?

KIRKOR. Der Mensch soll wissen, dass sein Leben kurz
　Ihm zugemessen, — handelnd muss er zahlen
　Dem Himmel seine Schuld..

BALLADINA.　　　　　　Der Gattin auch
　Gehört dein Leben...

KIRKOR　·　　　　　Mich hält nichts zurück,
　Ich muss... o reich' mir deine weisse Stirn.
　　　　　(*Er küsst ihre Stirne*).
　Du weisst, vor Menschen küsst das Auge nur
　Der Liebe wahren, heissen, inn'gen Kuss...
　Die Lippe darf, — ein scheues Vöglein — nur
　Im Flug erhaschen von der weissen Blüte
　Des Kusses süssen, holden Honigseim: —
　Leb' wohl, du Traute... Und die Mutter alt?
　Sie schlummert noch? So bring' ihr meinen Gruss,
　Ich kann nicht warten...
　　　　　(*Führt sie bei Seite*).
　　　　　Geld hast du im Schatz,
　Nimm nach Belieben... — Noch die weisse Stirn,
　Noch einmal reich'... — Zuwider mir dies Band,
　Die Stirne mir gehört, die Stirne ganz,
　Nimm ab das Band...

BALLADINA.　　　　Geliebter... ein Gelübde...

KIRKOR. Ja, nach der Schwester... doch kehr' ich zurück —
　Bring' es mit Gott ins Reine, — dies Gelübd'
　Nicht duld' ich...·

BALLADINA.　　　Ja...

KIRKOR.　　　　Sonst müsst' ich zürnen dir,
　Du liebes Herzchen, — zürnen nicht zum Scherz! —
　Leb' wohl! — Zu Pferd, ihr Mannen! — Und die Burg
　Bewacht mir streng... (*zu Balladine*) Gedenke mein!...
　　　　　(*Kirkor und alle ausser Balladina ab*).

BALLADINA (*allein*).　　　　　　Mein Gatte!
　Schon fort... warum? wohin? Gewissensschlange,

Du flüsterst mir: Er geht, der Gatte geht
Aline suchen, die im Grab... im Grab!
Doch findet er das Grab?... Sein Lächeln sprach
Geheimnisvoll: Ich bringe dir die Schwester —
Von deiner Stirne sinkt das Band...

(*Von Kostrin tritt auf*).

VON KOSTRIN.　　　　　　　　　O Herrin!
Der Graf beschwört, du mögst ein Lächeln noch
Durchs Fenster schicken...

(*Balladina tritt ans Fenster und lächelt*).

　　　　　　　　　Wer zum Abschied hat
Der Gattin Lächeln, — fliesst in Thränen selbst.

BALLADINA. Schon fort... (*zu Kostrin*) Wer bist du?

VON KOSTRIN.　　　　　　　　　Ich befehlige
Der Burg Besatzung...

BALLADINA.　　　　　Ich belohne reich
Die treue Wache...

VON KOSTRIN.　　　　Keines Lohns bedarf,
Wer ritterlich in Waffen seinen Dienst
Dir, Gräfin, weiht... Nun waltet in der Burg
Ein stiller und geheimer Schutz und Hort;
Wir werden beide treu bewachen, ach,
Ich einen Engel, — du, ein Engel, mich.

BALLADINA. Dein Name?

VON KOSTRIN.　　　　Von Kostrin.

BALLADINA.　　　　　　　Des Landes Kind?

VON KOSTRIN. Von deutscher Fürsten edlem Stamm.

BALLADINA.　　　　　　　　　Verbannt?

VON KOSTRIN. Ein armes Vöglein, vom verbrannten Dach
Nahm ich den Flug... nun fremd und unbekannt
In meiner Heimat, dien' ich in der Fremde;
Doch nicht verdamme mich... du auch, o Herrin,
Bist fremd hier...

BALLADINA.　　　　Wie?

VON KOSTRIN.　　　　　Du stammst vom Paradies!

(*Geht ab*).

BALLADINA (*allein*). Wie schnell hab' ich der Augen Bund geschlossen

Mit diesem Fremdling — Doch ganz ohne Schuld —
Ich suchte jemand, in der Menschenmenge
Geängstigt. Glaubte, eine Bruderseele
Zu meiner Seele müsse hier sich finden.,.
Beginnen... wie? Mit einem Blick... und dann'
Mit einem Wort, wenn er verstehen wird:
Doch sonderbar, die Menschen fürchten so,
Wie Gott, die Menschen, ja, noch mehr als Gott. —
Ich trotz' den Menschen.

(Die Witwe tritt auf, wie im zweiten Aufzuge festlich geschmuckt).

WITWE.   Liebes, theures Kind!
Was ist geschehen? Fort der Königssohn?

BALLADINA. Was nun?

WITWE.   Am Tage nach der Hochzeit fort
Von seiner jungen Gattin? Zürnet er?
Das wäre schlimm! Was träumtest du die Nacht,
Mein Täubchen lieb? Man sagt, den ersten Traum
Im neuen Bett man gut sich merken soll.
Ich träumte, dass vom weissen Himmel her
Alinchen kam,... sie schwamm im Wolkenmeer
Und sagte...

BALLADINA.   Mutter, sprich den Rosenkranz, .
's ist besser.

WITWE.   Willst du sperren mir den Mund,
Der Mutter?

BALLADINA.   Mutter, du bist alt und schwach,
Die Burg nicht unsre Hütt', — ich hab' zu thun,
Nicht Träum' zu hören...

(Ein Diener kommt).

DIENER.   Trotz'ges Bauernvolk
Steht vor dem Thor, — verlangt mit Übermuth,
Dass in die Burg man frei es lasse ziehn,
Doch hält die Wache sie zurück und kreuzt
Die Hellebarden... Und ein altes Weib
Ohn' Unterlass von ihrem Leiterwagen
Die Wache mahnt: Sag' nur, mein lieber Freund,
Herrn Kirkors Schwiegermutter, dass die Freundin,

8

Die alte Bärbel komme zum Besuch.

WITWE. Die liebe Godel! Bringt mir neues wohl!

BALLADINA. Schafft fort den Wagen.

WITWE.   Tochter!

BALLADINA.   Ist die Burg
Dir schon zuwider? — Offen steht der Weg,
Begleit' die Godel...

WITWE.   In dem Käfigwagen?
Im Leiterwagen? — Ach, mein lieber Gott?
Was meinst du, Tochter?

BALLADINA.   Nichts, ich scherze nur...
Doch schafft mir weg den Wagen.

WITWE (seufzend).   Schafft ihn weg —
Und sagt, ich schliefe noch.

BALLADINA (zum Diener).   Beharrt zum Trotz
Der Wagen, nun, dann wisst ihr, in der Burg
Gibt's Wachen...

WITWE (zum Diener). Thut der Godel nicht zu Leid,
Sie ist ja alt.

                    (Diener ab).

           Lieb Töchterlein, hast Recht,
Es möchte gleich zu uns das Bauernvolk
In Haufen kommen. Besser, dass von ferne
Sie lieb uns haben, — nicht? — O du bist klug,
Mein Kind, sehr klug: fängst du zu sprechen an,
Versteht es kaum des Priesters weiser Kopf.
Doch Tochter lieb, lass' mir ein neues Kleid,
Ein schönes, machen, denn dies alte, schau,
Verblichen schon, — und es geziemt sich nicht
In Linnen herzugehen, liebstes Kind!

BALLADINA. Erinn're morgen, Mutter, doch daran —
Auch ziemt dir besser wohl die warme Stube,
Du bist so alt...

WITWE.   Doch einsam wie das Grab...
Die Langeweile... willst du denn die Burg
Der Mutter sperren...

BALLADINA.   Nein!

WITWE.   O, Balladina
  Liebt mich, nicht wahr? — Und jener Beerensaft·
  An deiner Stirn? — Das Mal? — So zeig' es doch...
  Thut's weh'? Du jammerst nie und klagest nie,
  Wenn es auch schmerzt, du Liebchen mein... thut's weh?
BALLADINA. Genug...
WITWE.   Das Wasser von dem Pappelnquell
  Konnt' es nicht waschen... o mein liebes Kind!
  Die Wund' ist sonderbar und grausig gar,
  Erblassen macht dich die Erwähnung...
BALLADINA.   Nun,
  Wozu erwähnen?
WITWE.   Doch... es drängt das Herz,
  Das gute Herz...
BALLADINA.   Ich glaube, glaube dir!
  Doch gehe, Mutter, nun in deinen Thurm.
WITWE. In meinen Käfig?...
BALLADINA.   Essen und Getränk
  Schafft man...
WITWE.   Wie einem Vöglein in dem Bauer?
BALLADINA. Geh', Mutter!
WITWE.   Nun, es bleibt das graue Haar
  Zum Spielzeug mir... Dass nur der Diener mir
  Das Essen bringe... denke...
                       (Ab).
BALLADINA *(allein)*.   Höllenpein!
  Ich zittr', erblasse und verrath' mich noch
  Vor ihr, vor Kirkor... Alles sich verschwor
  Mir zum Verderben. Und die Leute schwatzen
  Ganz unbewusst, als wenn durch ihren Mund
  Des Blutgerichtes komme schrecklich Spruch,
  Als wenn sie den geheimnisvollen Weg
  Ins Herz verfolgten: Immer muss ich hören
  Des Richters strenge Stimme: Bist du schuldig?
  Sie fragen in die Quer... die Mutter, er,
  Sie beide, Gatte, Mutter... dieses Weib
  Muss ich noch lieben, — ist ja Mutter doch.

(Von Kostrin tritt auf).

VON KOSTRIN. Ich liess die Hallen prächtig schmücken, denn
Am Tage nach der Hochzeit kommen her
So viele Herren, viele edle Ritter
Zu Lehn dir unterthan...

BALLADINA. Lasst sperrn den Thurm,
Wo meine — Amme wohnet, — sie ist krank,
Benöthigt Schlaf — ·

VON KOSTRIN. Wie? Jenes Ungethüm
Hat deinen Rosenmund mit Milch getrankt?
O nein!.. Es war wohl eine Himmelsfee,
Die ihre Milch verstreut am Firmament,
Dass jede Thräne ihrer weissen Brust
Ein Stern geworden und nun glänzt so hell.
Sie hat wohl auf dem schneeigweissen Schooss
Dich einst gewiegt zum Schlummer zärtlich...

BALLADINA. Ritter,
Dein Mund ist golden...

VON KOSTRIN. Demanthart dein Herz. —
Ich liess am Gopłosee, die Küst' entlang
Pechtonnen zünden, helle Flammensäulen;
Zur Hochzeitflamme strömen allzumal
Die Hochzeitgaste. Herrin, that ich recht?

BALLADINA. Thu', was sich schickt.

VON KOSTRIN. Die Thürm' erglänzen hell
Vor Lichterfüll', — die Burg betreten nur
Die auserwählten Gäste zum Gelage.
Es wollt' ein Bauernlümmel mit Gewalt
Die Burg betreten heut', — doch vor das Thor
Liess ich mit Hunden hetzen ihn... Er schrie,
Der kecke Thor, dass er dich einst gekannt.
In solchem Mund ist's eine Blasphemie.

BALLADINA. Wer könnt' es sein?

VON KOSTRIN. Wohl jemand, der nach Brot
Und Gnade bettelt, das verschossne Kleid
Mit einem Faden flickt, den er dem Herrn
Vom Mantel ausgezerrt. Lässt man zu nah

Das Bettelvolk, so wird es frech und keck.
Du kennst ihn nicht, — des Namens grober Laut
Passt deinen Lippen nicht, — ein roher Knecht,
Ein Weidenstock...

BALLADINA.   Ach, dieses Bauernvolk
Heuschreckengleich...

VON KOSTRIN.   Verzeihe ihnen, Gräfin!
Umsonst der Blumen Königin verklagt
Der Immenstöcke summende Bewohner.
Verhüll' dich in ein Regenbogenkleid
Vor unsern Augen oder mit Geduld
Trag' unsre Blicke.

BALLADINA.   Ach, du Fürstensohn,
Mengst dich umsonst mit jenen, die die Au
Genährt, — du kannst der erste sein darunter,
Aus Tausenden der erste, wenn du kannst,
Geheimnisse bewahren.

    (Kostrin kniet nieder und küsst den Saum ihres Kleides)
             In den Schatz,
Zum würdigen Empfang der Gäste Gold
Zu holen...

VON KOSTRIN. Mit der Fackel eil' ich vor.
    (Kostrin geht mit einer Fackel voran. Balladina folgt).

III. SCENE.

Wald vor der Hütte des Einsiedlers.   KIRKOR in Waffen. — Der EINSIED-
LER mit einer Krone in der Hand.

EINSIEDLER. Da ist die Krone, siehe, wie sie glänzt.
Mit deiner Hilfe einst nach Gnesen noch
Kommt sie zurück, — nicht befleckt mit Blut
Wird sie erglänzen —

KIRKOR.   Wie der Sonnenstrahl
Im Gold sich spiegelt! Gutes Zeichen!

EINSIEDLER.   Gott!
Du leuchte uns!... Doch hör' noch einen Rath:

Du führtest dir ein junges Weibchen he m?

KIRKOR. Die liebe Einfalt! Ruhig lass' ich sie.

EINSIEDLER. Dem Weibe man erst dann Vertrauen schenkt,
Wenn sie mit Evas Fehler nicht behaftet.
Versuch' sie! Sende unter deinem Siegel
Ihr eine Kiste, — droh' mit deinem Zorn,
Wenn du zerbrochen solltest finden je
Dein Siegel.

(Er bringt eine eiserne Kiste).

KIRKOR.   Wohl! Es sei denn, wie du willst.
Mein Siegel hier, ein golden Eichelpaar
Im Eberrachen. Komm', du treuer Knecht.

(Ein Knecht kommt),

Bring' dies der Gräfin, — und wie lang ich auch
Fern sollte weilen, — bleib' es uneröffnet,
Mein Wille ist's.

(Der Knecht ab).

                Sie ist so fromm, so treu!
Du hast gewiesen mir des Glückes Bahn,
In Thaten nun erblickst du meinen Dank.
Nun lebe wohl! Als König grüss' ich dich.

EINSIEDLER. Auf deiner Stirne les' ich schon den Sieg.

KIRKOR. Auf, auf, ihr Ritter!

(Kirkor ab Man hört den Hufschlag davoneilender Pferde)

EINSIEDLER.   Warum ward der Mann
Um zwanzig Jahre früher nicht geboren...
Als ich am Throne sass, gebar dies Land
Nur Larven, — wie der Steinmetz ohne Geist
Das Menschenantlitz sucht im harten Stein
Und menschenähnlich meisselt den Marmor,
Doch ohne Geist. Besinnt sich die Natur,
Bevor sie schafft, auf ihre Schöpfung erst,
Versuchet und Bankerte schafft zuvor,
Und dann erst solche, wie der Kirkor.

(Philon tritt auf, phantastisch gekleidet).

PHILON.   Greis!
Wo ist mein Liebchen?

EINSIEDLER.   Todt, sie wacht hicht auf!

PHILON. So zeig' mir doch, wo meines Herzens Grab,
  Mein Leben ruht? — Wo Hoffnung ich gesäet,
  Will sehen, welche Blüten sie getragen.
  Sie müssen blass sein.

EINSIEDLER.   O du Thränenmeer!
  Was irrst du müssig in dem Wald herum?
  Dem Kirkor folge: Dein goldblondes Haar
  Mit ritterlichem Eisenhelm bedecke,
  Und in die Wagschal', die das Menschenloos
  Auf Erden zuwiegt, wirf das Sanenkorn,
  Dein Leben! — Es kann wohl den Ausschlag geben.

PHILON. Das Grabmal... wo?

EINSIEDLER.   Schon hat der rothe Lehm
  Die Brust zerfressen ihr, — im Antlitz schon
  Gewürm ihr kriecht...

PHILON.   O nein! In ihrem Grab
  Ist sie, wie Nymphen, — an den Krug gelehnt
  Die Hand, — vom Kruge fliesst ein Sternenstrom,
  Ein Beerenbach, — im rosenfarbnen Kranz
  Auf rother Beerenflut verzaubert ruht
  Die zarte Maid,... nicht wacht sie auf, darf nicht,
  Das Auge wird, als ein Vergissmeinnicht,
  Dem Grab entwachsen, denn die Gräber blicken
  Das Morgenroth mit blau n Sternen an
  Es glänzt im Grab.

EINSIEDLER. Im Grabe Licht so viel,
  Wie Träume an der Wieg'.

PHILON.   Ihr Schatten blass
  Oft irret dort, wo an den Gräbern trauernd
  Die Birken neigen sich, wie Trauerlauten, —
  Von Nachtigallenschwärmen zart berührt
  Die Laute weint, — es säuselt, weint das Laub,
  Der Silberwermut fängt oft ihren Fuss,
  Oft hält im Lauf Cyanenblüt' sie auf,
  Oft bleibt sie stehen, wie ein Kind und seufzt
  Und auseinander blast Zichorienblüten.

Der Körper ruhet unter kaltem Stein,
Die Seele schwimmt in bleichem Mondesschimmer
Und kinderhaft an jener Blüte reisst,
Die unser Glück misst zu mit jedem Blatt.
O sage, Alter,... ob der Mensch im Grab
Vom Glück noch träumt?

EINSIEDLER.　　　　　　　Nun, stirb, dann wirst's erfahren.
Und kehrst du je zurück vom Grab, erzähle
Von jenen Träumen den Verbrecherseelen,
So werden ruhig liegen sie am Pfühl...

PHILON. Ich geh', wo Wege kreuzen sich im Wald,
Seh' ich dort eine grüne Eidechs fliehen
Nach rechts, so gibt es Träume noch im Grab,
Flieht sie nach links, so stirbt der Mensch, ein Nichts,
Und träumet nicht...

(Philon ab).

EINSIEDLER.　　　　　Wie viele Arten gibt's
Von Elend, ach, — die Erd' gebiert im Irrsinn
Nur Irre.. doch wer kommt?

(Balladina kommt schnell herein).

　　　　　　　　　Wer bist du denn?

BALLADINA. Des nahen Schlosses Herrin.

EINSIEDLER.　　　　　　Und dein Wunsch?

BALLADINA. Du kennst der Kräuter wunderbare Kraft,
Und heilest Wunden.

EINSIEDLER　　　　Du bist ja gesund,
Doch zeig' die wunde Stelle.

BALLADINA.　　　　　　Greis!

EINSIEDLER.　　　　　Der Arzt
Muss sehen...

BALLADINA.　　Willst du heilig mir versprechen,
Zu heilen?

EINSIEDLER.　　Zeig' die Wunde.

BALLADINA.　　　　　　Auf der Stirn...
Sieh'... nun!

EINSIEDLER　　Sie glänzt, wie Mond im Nebelkreis,
Im blut'gen Kreise, — roth und bläulich, — nun,

Erzähle doch, welch' ungeheure Schuld
Der Grund sei?

BALLADINA.   Keine.

EINSIEDLER.   Wissen muss der Arzt,
Bevor er heilt.

BALLADINA.   Die Stirne bat befleckt
Mir eine rothe Beere.

EINSIEDLER.   Sage noch,
Wann war das?

BALLADINA.   Gestern.

EINSIEDLER.   Gestern in der Früh'?

BALLADINA. So war's.

EINSIEDLER.   Lass' fühlen noch mit meiner Hand
Der Herzens Schlag· — Wo unter Trauerweiden
Die Beeren wachsen...? — Sag' es frei heraus!
Ich will die Wahrheit ganz, wie in der Beichte.
War nicht die Beere früher weiss, wie Schnee?
Hast du nicht selbst sie blutigroth gefärbt?
Leg an das Herz die Beere, die die Wunde
Dir hat geschlagen...

            (Er stösst sie mit Gewalt zurück).

           Weh' dir! Dich verräth
Dein Herz...

BALLADINA.   Ha, Greis!

EINSIEDLER.   Du schlugst die Schwester todt!

BALLADINA. Nein — hier ist Gold — und dreimal noch so viel
Bekommst du —

EINSIEDLER.   Hör', was zahlst du?

BALLADINA.   Ich weiss nicht.

EINSIEDLER. Dich brennt die Wunde wobl mit Höllenfeuer?
Nicht wahr?

BALLADINA.   Sie brennt...

EINSIEDLER.   Du schliefest heut'?

BALLADINA.   Ich schlief ..

EINSIEDLER. Mit dieser Wunde?

BALLADINA.   Greis, ich sagte nichts.

EINSIEDLER. Wie? Nichts? Fluch über dich! — Und dieses Geld
Wofür?

BALLADINA. Für Kräuter.

EINSIEDLER.   Eitre nun die Wunde,
Bis das Gesicht dir decket Todtenblässe!
Nicht stehlen meine Kräuter einen Schmerz
Der Hölle...

BALLADINA.   Alter, wehe dir! Bedenk'...

EINSIEDLER (ironisch). Du drohest mir, da ich auf Heilung sinne
Für deine Krankheit, Höllenzauber mühe,
Um diese Wund' zu heilen auf der Stirn.
Willst du? die todte Schwester weck' ich auf.

BALLADINA. Du weckst sie auf?

EINSIEDLER.   Die Schwester rufe an,
Sie wird erwachen, schwinden wird die Wunde.

BALLADINA. O hätt' ich drei Gesichter todtenbleich,
An jedem drei noch schrecklichere Wunden,
Ich trage sie zu Gottes Strafgericht,
Eh'...

EINSIEDLER. Schweig', du freche Frevlerin! Ich kenne
Dich bis zum Herzensgrund! Die Eiterbeule
Mag Würmer zeugen dir in dem Gehirn,
Im Herzen Schlangen, — ewig quäl' der Biss,
Bis du im Innern stirbst, — des Todes Mal
An deiner Stirn, wirst wandeln, eine Leiche,
Noch lebend... Fort! Du musst des Urtheils harren,
Das Gottes allgerechtes Strafgericht
Verhängen wird! — Und welche Schrecken Gott
Dir hat bestimmt, trifft wohl schon morgen ein.
Vielleicht versagt er dir dein täglich Brot,
In Wollenknäul verwickelt dir das Haar
Und tödtet dann, — in Sünden, ohne Beichte,
Mit Himmelsfeuer... Weh' dir! Morgen früh
Die Mauer deiner Burg fühlt Gottes Hand!
Du bist wie eine Schlange, voll von Gift
Und an dem Herzen nagt dir eine Wunde,
Noch grässlicher, als die an deiner Stirn.

Ha... bist du todt? Erstarrt?... Erwache, Weib. —
Erwache, hörst du?

BAŁLADINA (*erwachend*). Was? Du hast gesagt,
Die Schwester wird erwachen?... Lieber will
Ich sterben! Alter, warum rasest du?
Weh', wehe dir!

(Sie flieht).

EINSIEDLER (*allein*). Im traurig stillen Wald
Des Frevels Laut wie Spechtenschlag ertönt,
Des Messers Stoss hallt wieder, doch so dumpf,
Wie eines Henkers Beil, wenn am Schaffot
Die Köpfe fallen. — Alles höret Gott,
Und alles in die Schreckposaune schliesst,
Die einst die Menschen rufet vors Gericht.

(Man hort Lachen im Walde).

Gott sei gelobt! Der Teufel lacht im Wald;
Die Gopłohexe und die Elfenschaar
Macht ernste Eichen lachen, treibet Spott
Mit Trauerbirken.

(Jagdgetöse und Hundegebell).

Ha, die todte Jagd

Mit Nebelhunden hetzt den Nebelur,
Von blitzesschnellem Sturmwind blind und wirr.
Ich will die Jagd bekreuzen, dass der Spuck
Für alle Zeit verschwind'!... Doch ist's nicht klug,
Die Nachbarteufel sich zu Feinden machen.

(Unterirdisches Glockengeläute ertönt).

Die Städte einst — vor Zeiten — überschwemmt,
Vom Gopłogrund um Gnade flehen Gott
Mit Thurmgewimmer... Auf der Flut erscheint
In Wasserlilien vielleicht ein Kreuz
Von Sodoms Thurm? — Ich halt's nicht länger aus —
Will segnen die verdammte Stadt, — ein Kreuz,
Ein still Gebet des Greises macht vielleicht
Sie still entschlafen in der Grabesflut,

Wie der verdammte Mensch, für den ein Kind
Gebete flüstert.

(Ab).

IV. SCENE.

Wald wie früher. FUNKE und PUCK.

PUCK Fort, wie dumme Krähen fliegen

FUNKE *(nimmt die auf einem Steine liegende Krone).*

    Seine Krone liess er liegen.
    In der Mondesstrahlen Glanz
    Auf Goplanas Lockenpracht
    Strahlt sie, wie ein Flammenkranz
    Fest gebunden und gebracht
    In der goldnen Zöpfe Mitte.

PUCK. Schau, sie lenkt hieher die Schritte.

(Goplana und Weidenstock treten auf).

WEIDENSTOCK. Du meine liebste Hexe, Jungfer Regenguss,
    Der See dein Bett, die Wolke dein Gewand sein muss;
    Wenn durch den Wald du gehest, rufet Blume, Baum:
    „So komm' doch, Mamsell Regen!" und sie irren kaum. —
    Dem Bauer würdest passen, Schollen zu erweichen,
    Wenn ich wär' Blume, Nessel, oder was dergleichen,
    Dann würde ich wohl schwören, ewig dich zu lieben
    Und eheliche Treue im Vertraun zu üben.
    Doch leider, bin ich weder Blume, weder Kraut,
    Ein Mensch von Fleisch, lieb Mamsell, — und die magre Haut
    Die Knochen bald zerreissen, gleichwie scharfe Scheeren,
    Würd' ich mit Dunst sie tränken und mit Sternen nähren.
    Also — ergebner Diener.

GOPLANA.   Weh', o weh'!
    Heut' welket mir die Rose, ach, am See,
    Ein Fischer mir das liebste Fischchen mein
    Vergiftet hat, — das liebe Vögelein,
    Das nachts am See vergieng in süssen Klagen
    Auf jener Silberbirke, hat erschlagen
    Ein Mann, gefällt die Birke —

WEIDENSTOCK.   Und zu diesen Klagen
Hat man in Kirkors Burg mich windelweich geschlagen.
O weh'! Noch schmerzt der Rücken mich bis jetzt. Indessen
Gibt's Prügel, nun so gibt es herrlich auch zu essen,
Aus offnen Fässern strömet Branntwein dort in Gossen,
So hell und duftend, — also ist es fest beschlossen,
Dass ich in Kirkors Küche mich sogleich verdinge.
GOPLANA. Zu ihr! zu ihr! Du sahest gestern doch,
Was dieses Weibes Herz im Innern hegt.
Was willst du, Lieber? Schätze, Kraft, Gewalt,
Verklärte Züge, jenen Stein sogar,
Des Wunderkraft den Menschen schwinden macht
Vor Aller Augen, wie ein Traumgebild, —
Wirst alles haben, — doch welch Schmerz für mich,
Mit Zauber zu erkaufen mir das Herz. —
Den Wunderteppich, der geflügelt trägt
Den Menschen fort, wohin der Sinn verlangt?
O sage, Trauter, — oder die Gestalt
Des Ritters, der den Scharen Lechs erschien,
Auf Wolken thronend, prächtig angethan,
In Gold, Lazur.
WEIDENSTOCK   Nun, nun, von Kopf zu Fuss
Des Schellenkönigs glänzende Gestalt
Mit Krone, Apfel, Scepter möcht' ich haben.
                    (*Für sich*).
Nun dreh' und winde in der Patsche dich!
                    (*Laut*).
Will Scepter, Krone, Mantel, goldne Schuhe,
Ganz wie des Königs Majestät.
GOPLANA.   Ihr Elfen!
Der Morgenröthe
Purpurne Strahlen,
Der Rose Perlenthau,
Der Wolke Saphirblau,
Des Morgens Gold
Erbittet, holt!
Und werdet ihr am Himmel sehn

Des Regenbogens Strang,
So mögt ihr spinnen, winden, drehn,
Den Faden lang und lang.

(Funke und Puck ab).

(Zum Weidenstock).

Du nennst nur die Gestalt,
Im Zauberkreis befangen, —
Und einer Fee Gewalt
Erfüllet das Verlangen.

WEIDENSTOCK. Mir spucken Schellenkönige im Hirn.

GOPLANA *(zieht einen Kreis).* Nun stehe still, verlasse nicht den Kreis.
Vernimm, wie lebensfroh die Wildnis jauchzt,
In Fichtenzweigen, dort im Waldgestrüpp
Die Amsel flattert, singt die Nachtigall, —
Und durch der Blätter leise bebend Dach
Der Sonne Strahlen blicken heimlich her,
Doch bald bedecken Wolken schwarz und trüb
Den Himmel, — goldne Monde, Sternlein blass
Vorüberfliegen, tief in Dunst gehüllt,
Wie Blitz und Wetter

(Funke und Puck bringen Kleider und eine Krone).

FUNKE.　　　　　Alles schon bereit...

WEIDENSTOCK *(gähnt).* Bin schläfrig, ah...

GOPLANA.　　　　So neig' dein müdes Haupt
Zum Schlumer! bald erwacht
Prangst du durch Geistermacht
In deiner Träume Pracht.

WEIDENSTOCK *(streckt sich hin)*
Potz Wunder!... Gute Nacht! — Auf bald'ges Wiedersehn
Am Throne, gute Nacht, du Organistensohn!
Empfehl' mich schönstens, ach.. voll Ehrfurcht und Respect,
Ihr Diener, ah... Potz Wunder... ah...

(Er schläft ein).

GOPLANA. Bewachet seinen Traum
Ich hole Zaubermacht.

(Es dunkelt, — rothe Wolken kommen und umhüllen Goplanen).

FUNKE. Her den Mantel mit Strahlensaum,
  Der Schuhe goldne Pracht.
(Es wird ganz dunkel, — auf Goplanens Haupte erscheint ein Halbmond)
  Vom Mantel träufelt Perlenthau,
  Die Perlentropfen von der Au
  Am Ärmel heftet, naht
PUCK. Gar wonnig schnarcht die Majestät
  Und dreht sich auf die Seit'.
FUNKE. Erglänze wieder Tageslicht,
  Die Wandlung ist bereit.
(Goplana gibt ein Zeichen, der Halbmond verschwindet. — Es wird hell).
GOPLANA *(den Schlafenden anblickend).* Wie sonderbar ist die Gestalt
  (Weidenstock steht als Schellenkönig auf).
WEIDENSTOCK *(gähnend).* Ah, ah, ah, guten Tag! — Das Wetter schön.
  Ei, — Bart am Kinn? o weh', ein grauer Bart?
  Was ist? was soll? welch neuer Teufelsspuck?
  Eiu Mantel? Borten? Bänder an der Brust?
  Mir träumte, — gelt, ich weiss nicht mehr den Traum! —
  Ein Wirtshaus war's, — aus Fässern quoll das Bier,
  Wie Sündflut quoll's, — ich schwamm drin wie ein Fisch.
  Ein Teufelsspuck! — Bin wohl ein Wallfisch nun,
  Ein Molch mit goldnem Kleid und grauem Bart?
  Ha, komm' du, Hexe, du, Gestalt von Glas,
  Und sag', wie komm' ich zu dem Gold, dem Bart?
  Was ist geschehn?
GOPLANA.   Zum König bist geworden.
WEIDENSTOCK *(langt nach dem Kopf und findet die Krone).*
  So mag es bleiben, was geworden ist,
  Am Haupte find' ich wirklich eine Krone
  Potz Wunder!...
GOPLANA.   Popiels echte Königskrone...
WEIDENSTOCK. Sie dient den Menschen, die am Throne sitzen,
  Wie Mützen sonst, — sie deckt die Ohren zu,
  Und dies? was ist's?
  (Weist auf seinen Königsstab).
GOPLANA.   Dein Scepter, Königsstab.
WEIDENSTOCK. Nun sei's, mein süsser Aal, ich glaube gern,

Dass dies ein Scepter, doch, ihr Teufelein,
Sagt an, woher der Stock?

PUCK. Als du noch warst
Ein Stock...

WEIDENSTOCK (*mit Verachtung*). Nichts mehr davon!

PUCK. Als du im Walde
Als Weide gestern morgens wuchsest, brach
Vom Königsbaume Philon diesen Ast

WEIDENSTOCK. So trägt die Hand die Rinde noch vom Baum,
Die Rind ist Scepter nun.. Ich lass' sie tanzen
Auf euerm Rücken... Ah, nur ewig Schade,
Dass schon im Himmel sitzt Papa Barbier.
Er hätte bald den Bart mir abgekratzt.
Ei, meine Hexe, kannst ja wunderbar
Wie Engel schweben auf der Wasserflut,
Nicht möchtest mich rasieren mit Vergunst?
Nein? — Gut, so macht an diesem Königskinn
Noch ein Barbier sein Glück — Es passte noch
Ein Apfel in die Hand, so könnt' ich dann
Die Schellenkart' als Spiegel brauchen.

FUNKE. In das Dorf schlich ich verstohlen,
Wollt' zum Apfel her von Knaben
Eine Seifenblase holen,
Doch um kühlen Schutz zu haben
Vor den heissen Strahlenfunken
Vor der Glut, kroch ich hinein
Ins krystallne Kügelein,
Fort, nun fort... Da ist gesunken
Auf die Flut mein Boot so stille, —
Doch die böse, böse Grille, —
Als ich unterm Farbenspiegel
Süss entschlief in meinem Kahn, —
Brach's mit leichtem Gazeflügel
Und entfloh... Von Traumeswahn
An der Blüt' Vergissmeinnicht
Wacht ich auf..

WEIDENSTOCK. Mein Teufel, mit Verlaub,

Blitz dumm sind Euer Gnaden! — Wissen sollst,
Ein Apfel ist ein Apfel immer nur.
(Puck gibt ihm einen Apfel).
Ich danke Euer Liebden, schmeckt es gut?
(Er beisst in den Apfel).
Nun hab' ich alles, was ein König hat,
Wo ist das Pack, das unterthane Volk?
GOPLANA. Was nur auf Erden meinem Willen folgt,
    Ist dein, — die Vögel, Bäume, Blumen, Thau,
    Der Regenbogen..
WEIDENSTOCK.   Also Steuern gleich!
    Nun hört, in einen morschen Weidenstumpf
    Die Staatsverfassung prägt Kamaschendienst
    Der Hase leistet, Ur und Hirsch und Eber.
    Die Blumen zahlen Steuer für den Thau,
    Und einem Juden geb' ich ihn in Pacht,
    Er zahlt mit Schnaps mir ab. Der Staare Volk,
    Nicht darf es denken, wenn es Worte lallt; —
    Nicht darf der Schwalben naseweiser Rath
    Im Rohricht tagen! — Keine Politik!
    Der Spatzen Conferenz verboten! — Ich,
    Ich herrsche, hänge, lohne. — Passepartout
    Den Schwalben geben mit Signalement
    Der Beine, Schwänze, Flügel, und was sonst
    Bezeichnen kann. Die Jungen dürfen nicht
    Nach Deutschland in der Papageien Zucht;
    Nur Elstern dürfen's, weil sie unsre Sprache
    Dann edler bilden. — Fremde spüren streng,
    Wie Kanarienvögel... Fremde Ware
    Muss Zoll entrichten, so vom Regenbogen
    Vom Sonnen-oder Mondland, roth, weiss, blau,
    Wenn Seide nur, die Elle wird verzollt
    Mit Gulden drei.., von einem Leindwandstreif
    Aus weissem Spinnweb..
GOPLANA.   Theurer, träumest du?
WEIDENSTOCK. Ha, ich regiere, füll' den leeren Schatz.
    Von Knospen zahlt die Ros', der Sperberbaum

10

Von Beeren, Hasenstrauch von jeder Haselnuss,
Ob voll, ob leer, — der Mohn von jedem Kern,
Nicht von dem Kopf. Ich will sie zapfen schon.
GOPLANA. Ich lasse Puck und Funken dir zum Dienst,
Sie sollen Blumen pflücken, und im Schlaf
Mit Rosenlaub dich decken Lebe wohl!
Ich werde dich erwarten an dem See,
Bis in mein Lied stimmt ein die Nachtigall.
(Goplana ab).
WEIDENSTOCK. Gottlob, dass endlich weg ist die Gallert.
Her, du Canaille! (zum Puck). Du wirst Minister sein,
Denn du bist dumm. (zum Funken). Du mit dem klugen Auge
Bist Hofnarr, merk', ich soll vor Lachen platzen.
Minister! Equipage!
PUCK.   Ein Viergespann
Bäumt feurig sich, es scharrt der rasche Huf,
Es harrt die Equipage von Mephistophel
Doch sag' ihr nichts.
WEIDENSTOCK.   Warum?
PUCK.   Sie mag es nicht,
Von Teufel was zu borgen.
WEIDENSTOCK.   Ach, wie dumm!
Nimm, wenn der Teufel leiht, — man spart dabei
Die Stiefel doch... (zum Funken). Du führst mich hoch vom Bock.
(Zum Puck).
Du lenkst vom Sattel... Macht, es ist schon Zeit.
FUNKE. Wohin beliebt?
WEIDENSTOCK.   Zu Kirkors Hochzeitsfest.
(Alle ab).

V. SCENE.

Saal in Kirkors Burg.

VON KOSTRIN (allein). Der Klause nahe, hinter Bäumen lauernd
Hört' ich, was sie geheimnisvoll gebeichtet,
Nun ist es mein, das goldene Geheimnis '

Nun könnt' ich es vom Thurme laut verkünden,
Ich könnt' es auch berichten treu dem Herrn,
Ich könnt' es langsam in das bange Ohr
Der Herrin fliessenn lasse, Wort für Wort,
Wie Sandeskörnlein rinnen in der Uhr,
Bis das die Thruhen werden leer und blank,
Wie nackte Bergesstirn... Sie kommt zurück,
Sie und die Schätze werden mein! Glückauf!

(Er tritt zurück).

BALLADINA (kommt — in Gedanken).

Der alte Mann weiss alles, sagt den Bäumen,
Die flüstern es in stiller Nacht sich zu,
Bis grässlich kund es wird... O thöricht Sinnen,
Dir bangt vor Schatten, thöricht, kinderhaft!
Der Greis wird sammeln, wägen meine Worte —
Und sagt: „Es kann nicht sein! Dies junge Weib
Hat nicht gemordet“. — Doch — wenn er es weiss —
Wer kann denn solches unverbrüchlich glauben?
Doch wenn er glaubt? — Dem irren Wandrer dann
Die grause That der Herrin wird erzählen? —
Bevor er Namen nennt, muss er erzittern
Vor eines Mächt'gen Rache, — doch — vielleicht
Ist gut sein Herz, so räth es ihm mitleidig:
„Warum sollst du doch Menschen Arges thun?“—
Er hat's vielleicht vergessen schon und ich
Denk' noch daran, woran er nicht mehr denkt.
Wer bin ich denn, dass man nur meiner dächte,
Und mich verfolgte, mich verdammte? — Hölle!
Nicht tausend Worte tödten dieses eine:
„Er weiss!“ — Was auch bin ich zu ihm gegangen?
Ich gab mich preis, — die Hölle mich betrog!
Und wenn ich denke: Wär' nicht dieser Gang,
Er wäre nur, was Millionen Menschen,
Die niemals ich begegnet' auf der Welt;
Und diese Stunde, banger Qualen voll,
Sie wäre dann, wie alle Stunden gestern, —
Vielleicht noch stiller, denn des Schreckens viel

Hätt' noch verwischt des Tages gleicher Gang
Nun steht mir alles auf, nur grasser noch!
O glücklich die, die heut' am Morgen noch
Ich selber war!

(Kostrin tritt näher).

VON KOSTRIN.   Ein Bote mit Geschenken
Vom Grafen harret deines Winkes, Herrin

BALLADINA. Geschenk' vom Grafen? Ruf' den Mann herein.
Er bring' sie her, — doch halt! — Kennst du den Alten,
Den Bettler dort, der einsam wohnt im Wald?

VON KOSTRIN. Den Klausner? —

BALLADINA.   Nun, mir kam das in den Sinn...
Wo weilt der Bote, der Geschenke bringt?
Wohl Kostbares...

VON KOSTRIN   Der Graf sich rühmte stets
Hochmilden Muths, — er war der Sonne gleich,
Die reiche Gunst allüberall verbreitet...

BALLADINA. Bin wohl begierig auf die neue Gunst.
Ruf' ihn sogleich, — ja, ruf' den Boten her.

(Von Kostrin ab).

O kämen mir in ruh'ger Stund' die Gaben...
Warum auch musst' ich diesen Kostrin fragen
Nach jenem Greis. .

(Kostrin und Gralon kommen).

GRALON.   Durch mich, den Ritter Gralon,
Grüsst Kirkor...

BALLADINA.   Doch gesund?

GRALON.   Wie Beer' im Walde.

BALLADINA. Befahl dir Kirkor, diese Zuckernachricht
Für mich zu bringen?

GRALON.   Mir befal der Graf,
Dass ich die Kiste, die mit rothem Siegel,
Aufs Schloss her bringe, und der Gattin sein,
Der edlen Gräfin, seinen Willen melde:
Das Siegel und das Schloss nicht zu berühren,
Bis dass er kommt...

BALLADINA   Und sollt' ich sterben da,

Nicht kann ich dieser Rede Sinn verstehen,
Noch einmal sag!

GRALON.   Graf...

BALLADINA.   Nun... Doch sag', warum
  Liess er die Kiste wohl verschlossen halten
  Zum jüngsten Tag, die Kiste mit Geschenken?

GRALON. Er sagte nur: Ich will es so. Nichts mehr.

BALLADINA. Da trägst du, Thor, den eng beschränkten Kopf
  Im Blechgestell am Nacken mit herum,
  'nen Scherbentopf, für Spatzen gut genug,
  Zum Nesterlegen... Die beschlagne Kiste
  Nicht anzurühren? — Ha, in Kirkors Gunst
  Wär' Misstraun dann, nicht innig treue Liebe.
  Du feiger Sklav'! — Ob dich an deinen Herrn ,
  Auch lange Dienste ketten, darfst du nicht
  Die Kiste aufthun in gerechter Furcht
  Vor Straf' und Züchtigung... Doch ich, die Gattin,
  Wenn ich es will.., wenn mir die Mücke nur,
  Wenn still die Lerche flüsterte in's Ohr:
  „Die Kiste auf!" — und wenn mich von der That
  Mit Flammenfittig möcht' der Satan scheuchen,
  So wiss' du Feigling, wiss', du ekler Sklave,
  Mein Wille...

VON KOSTRIN.   Gräfin!...

BALLADINA.   Willst du mahnen mich,
  Dass Recht er hat, auf Proben mich zu stellen?
  So mag er's thun denn, meinetwegen... Gott!
  Wenn mich, wie andre, Neugier plagen möchte,
  Dann... Doch ihr kennet mich noch nicht, bei Gott!
  Ich bin so scheu, dass ich im Garten nicht
  Die Frucht ergreife, die vom Baume fällt.
  Wenn es der Gatte will, bei Brot und Wasser
  Kann leben ich so froh, wie eine Krähe
  Auf fremdem Zaune lebt... Bin auch nicht böse...
  Da, Alter, nimm! (zu Gralon) Ein Stück von rothem Gold,
  Zum frischen Trunk, zum lust'gen Würfelspiel,
  Dann fort mit dir, dem Herrn nach. Sag' ihm dann,

Dass thränend ich voll Sensucht seiner harre,
Dass ich für ihn mit goldnen Seidenfäden
Die Schärpe sticke. Gralon, wo bist du
Vom Herrn geschieden?

GRALON.   In dem Wald am Gopło.

BALLADINA. Ist er wo auf der Reise eingekehrt?

GRALON. Beim Klausner in der Hütte war er.

BALLADINA.   Gott!
Beim Klausner! Sprich, und eine Handvoll Gold
Für jedes Wort bezahl' ich, — aber alles,
Sag' alles, hörst du? Ich belohne reich,
Ich zahle viel, doch will ich Offenheit.
Wenn es auch grässlich wäre, sag' es frei!

GRALON. Im Forst auf ödem, wildverwachsnem Pfad
Voran der Graf auf seinem Schecken ritt,
Und hinterher ritt einzeln Mann für Mann.
Da bäumt sich plötzlich unterm Herrn das Ross,
Als trät' ein Teufel jählings in den Weg.
Da meint' der Graf: Im Walde riecht nach Leichen...

BALLADINA (mit Entsetzen). Und stieg vom Ross...

GRALON.   Und rief: Mir nach! Mir nach!
Mit blankem Schwert lief er zur Weide hin,
Am Moos lag eine Leiche, an der Brust
Schon ekle Schlangen nagten...

BALLADINA.   Oh!

GRALON.   „Wohlan,
Ein gutes Zeichen ist's für unsern Zug!"
So sprach der Graf,... „das Aas von einem Ur!"

BALLADINA (aufathmend). Ach!

GRALON.   „Wackern Rittern ein willkommnes Zeichen!"
So sprach der Graf, — wir stimmten jubelnd ein,
Und dann zu Pferd...

VON KOSTRIN.   Du sagtest doch vorher:
Am Moos die Leiche, an der weissen Brust
Lag schon der Schlangen wirrgeballte Brut?

GRALON. Am Aas des Urs, und Nattern...

VON KOSTRIN.   Ach die Arme!

GRALON. Es war ein Männchen.

VON KOSTRIN.   Wo die Weide winkt?
Am Waldesbach? Wo rothe Beeren wachsen?
Dort war's?

GRALON.   Ja, Herr.

VON KOSTRIN.   Nah' an des Greises Klause?

GRALON. Ja, Herr.

VON KOSTRIN.   Ein Ur, ein Ur mit starkem Horn
Lag dort? War's so?

GRALON.   Ja, Herr.

VON KOSTRIN.   Beschwör's!

GRALON.   Warum?

VON KOSTRIN. Weil' ich beim bösen Satan es beschwöre,
Dass es kein Ur war, sondern.. Wehre dich!

(Zu Balladina, das Schwert ziehend).

Der Mann muss fallen.

BALLADINA *(verwirrt).*   Ja, er muss,... er muss.

VON KOSTRIN *(angreifend).*   Nimm dich in Acht —

GRALON *(sich wehrend)*   Was soll es?

(Sie fechten — Balladina nimmt ein Schwert von der Wand und sticht den
Gralon von rückwärts todt).

BALLADINA.   Da!

GRALON.   O Himmel!
Gemordet!

(Er stirbt).

VON KOSTRIN. Gräfin! Dieser Greis fiel todt
Von unser beiden Hand, kennst du die Folgen?

BALLADINA. Ich kenn' sie, Gott!

VON KOSTRIN.   Ich will die Hälfte tragen
Von deiner Angst, von der Verzweiflung Pein...

BALLADINA. Doch jetzt, was thut es noth?

VON KOSTRIN.   Besonnen sein.

IV. AUFZUG.

I. SCENE.

Saal in Kirkors Burg. — Ein Gastmal. — Durch die Fenster sieht man zuckende Blitze. WEIDENSTOCK, als König gekleidet, sitzt obenan. BALLADINA, VON KOSTRIN, EDELLEUTE, DIENER. FUNKE und PUCK stehen hinter Weidenstocks Sitz.

ERSTER EDELMANN. Hoch Seine Majestät!

WEIDENSTOCK (zu Puck). Minister, sage Dank!

PUCK (mit komischer Geberde). Der König dankt.

WEIDENSTOCK. Du, Narr, lass einen neuen Gang
Die Köche bald besorgen.

FUNKE. Alles hat der Koch
Schon hergeschickt, er hat nur einen Kalbskopf noch,
Doch der sitzt ungekocht noch auf des Königs Nacken.

WEIDENSTOCK. Ich sah' zwei Pfaun im Hof, lass' fangen sie und backen,
Dann her mit ihnen, ich will gerne mich gedulden.

VON KOSTRIN. Vor Seine Majestät die Platte hin, mit Gulden
Beladen voll und voll, — tragt hin und macht es bald.

WEIDENSTOCK (nimmt die Goldstücke von der Platte, gibt einige an Puck
und Funken, und füllt dann seine Taschen).

Minister, für ein Jahr ich zahle den Gehalt,
Nur schinde nicht das Volk! Dem Narrn ein Goldstück auch,
Dass er mit Scherz und Spott erschüttre mir den Bauch.
Und für die schwere Last, für die Regentensorgen
Zahl' ich mir auch, — und das, das hebt mir auf für morgen.

BALLADINA. Mich ehret hoch der Majestät Besuch,
Die vorlieb nimmt mit meinem Tisch und Schloss.
Trinkt zu, ihr Herren.
(Zu Kostrin, der ihr verstohlen die Hand drückt, leise).
Lieber, hüte dich,
Bei Gott, man schaut, erräth, dann sterben wir.
(Zu den Gästen).
Trinkt zu, ihr Herren, trinket lustig zu,

Ein froh Geplauder würzet noch den Trunk.
Beginnet.

ERSTER EDELMANN. Nun, an Stoff wird es nicht fehlen.
Wie wär's, wenn unsrer Wappen Bild und Sinn
Wir hier erzählten.

WEIDENSTOCK. Meines ist ein König,
Und goldne Schuhe, Krone und ein Kopf.

ERSTER EDELMANN. Ich führ' zwei Späne...

ZWEITER EDELMANN. Ich 'nen Immenstock.

ERSTER EDELMANN. Und ihr, Frau Gräfin?

BALLADINA. Ich?..

VON KOSTRIŃ. Ihr waret doch
Von Trapezunt des reichen Königs Kind.

WEIDENSTOCK. Ei, ei, mein Sixchen, ei, du meine Treu!
Hat Gott geschaffen Fürsten viel, wie Spreu!
Von Trapezunt? — Viel Batzen auch im Sack?

BALLADINA. Ich? Soll ich's sagen? -- Ein entmenschter Ohm
Hat mich vertrieben, hat geraubt mein Land;
Und meine Brüder, edles Fürstenblut,
Hat er gemordet.

WEIDENSTOCK. Ei! Gar sonderbar!
Wer könnt' es glauben?

BALLADINA. Wollt ihr mir nicht glauben?
Nicht glauben gar? Um Mitleid fleh' ich nicht.
Entrann ich glücklich doch dem Mörderstahl,
Doch meine Mutter! Meine Mutter, Herr,
In eine Nische hat er eingemauert.

WEIDENSTOCK. Die arme Wittib.

BALLADINA. Doch genug der Mähr!
Trinkt zu, ihr Herrn! Truchsess, und Schenk, herbei!
Nur Wein herbei! Und giesst die Becher voll!
Nur lustig zu!

STIMME (draussen). Halt, Mutter!

STIMME DER WITWE (draussen). Lasst mich ein!

BALLADINA. Ach, fort! Wohin? Wohin?
(Die Witwe drängt sich durch die Dienerschaft, kommt bis in die Mitte
des Saales und verbeugt sich verlegen).

11

WITWE.   Ah, schönen Gruss,
   Ihr Ritter fein. — Mein Kind, es ziemt doch nicht,
   Mein zu vergessen.

BALLADINA.   Rast das alte Weib?
   Was faselt da die Vettel?

WITWE.   Junges Volk,
   Seid lustig? Brav! — Doch an die Mutter auch
   Zu denken ziemt es; — wie ein Vöglein zart
   Im Käfig sitzt die Alte, — wartet, harrt,
   Und nicht ein Bischen Brot hat man gebracht.
   Mich plagt der Hunger, Tochter! Gebt mir doch
   Ein Tröpflein Milch, — kein Manna wird's ja heut'
   Vom Himmel regnen für die arme Mutter.

BALLADINA. Was soll das heissen? Rast das alte Weib?

WITWE. Reich' mir doch, Tochter, her den goldnen Krug,
   Die Mutter dürstet.

BALLADINA.   Wer liess da hinein
   Die Alte?

VON KOSTRIN. Fort! Schafft weg sie! — Majestät,
   Ein rasend Weib.

WITWE (zur Balladina). So nenne Mutter doch,
   Die deine Mutter ist, nicht sage: Alte —
   Nur Alte, Alte —

BALLADINA.   Schafft sie weg! Hinaus!

WEIDENSTOCK. Ha, ha! Ein dummes, bauernhaft Gefriss!
   Lasst los die Alte, setzt sie an den Tisch
   Zu uns, — herbei.

WITWE.   Ein lieber, guter Herr! —
   Da schaut, — ich danke, — schafft 'ne Bank herbei.
   So brav, mein Ritter, so soll jeder doch
   Die Mutter ehren. — Kann ich mir ein Kleid
   Aus Spinnenfäden wirken heut' zum Fest?
   Daran ist nur die liebe Tochter schuld,
   Dass ich die Lumpen immer tragen muss.
   Drum staunet nicht, ihr lieben Herren mein,
   Dass schlechtes Zeug, nicht lautes gelbes Gold
   Die morschen Knochen deckt, in Staub zerfallend,

Doch nehmt es nicht für übel. —

BALLADINA. Höllenpein!
Wie kam herein das tolle Bettelweib?
Wie kamst du her in meinen goldnen Saal?
Ich kenn' dich nicht...

WITWE. Ihr heil'gen Engel! Was?
Du kennst mich nicht, die Mutter kennst du nicht?

WEIDENSTOCK. Ha, ha! Sehr lustig, lustig ist der Schwank
Für Königsohren.

WITWE. Sage, Tochter, frei!
Du kennst mich nicht? Die eigne Mutter nicht?

BALLADINA. Ihr Herren, kennt die Alte ihr, so sagt,
Wer ist die Hexe?

WITWE. Leuchtet, leuchtet mir,
Ihr Himmelssterne! Seid zu Zeugen mir,
Wenn einer hier auch Vater ist... Unholdin!
Du grässliche, du Schreckenstochter! — Ich,
Ich kenne dich nicht mehr.

BALLADINA (*zu Kostrin*). Jagt sie hinaus!
Sie bellt zu laut.

WITWE. Mein eigen Leib gebar
Den Sarg für mich — O Gott! O du, mein Gott!
(*Kostrin gibt ein Zeichen, die Diener ergreifen die Witwe*).
Lasst los! Ach Tochter! Denke doch, o Kind!
Mein Kind! O denk'! Da draussen schwarze Nacht,
Der Regen strömt, und in der Wolke harrt
Der Blitz, um in mein weisses Haar zu fliegen.
Blick' doch hinaus, — irr' ich im Sturm allein,
So glaubt der Donner, dass ein böses Weib
Herumgeht, eine grause Mörderin,
Die nächtlich wandelt...
(*Auf eine zornige Geberde Balladinens schleppt man sie zur Thür*).
Ach, ich sag' der Wolke,
Sie mag die Burg mit Donner schlagen! Lasst!
Zerrt nicht! Ich geh'. — Die Welt ist öd' und wüst
Der alten Mutter...

BALLADINA. Gebt ihr etwas Brot.

WITWE. Dass du an dieser Kruste Brot erstickest!
O reisst mich nicht, schon lumpig und zerrissen
Ist dieses Kleid genug — der Wind wird blähen
Der alten Mutter Lumpen. Dieses Kind
Ist eines Teufels Brut! Nicht mein! Nicht mein!
(Die Diener führen sie hinaus).

BALLADINA *(nach langem Schweigen).*
Warum so traurig? Wann das Mal zu Ende,
Beginnt der Scherz und froh Geplauder erst.
Ihr schweigt so dumpf, als wie im Räubernest.
(Hufschlag draussen).
Wer kommt da?

BEDIENTER.   Von dem Grafen schnelle Post.

BALLADINA. Lasst kommen.
(Ein Bote kommt).
Welche Nachricht schickt der Graf?

BOTE. Die besten Grüsse...

BALLADINA.   Wann kehrt er zurück?

BOTE. Im Walde hat ein Sturm ihn überrascht.
Die Ross', vom Donner, Blitz und Flamm' erschreckt
Versanken tief im Sumpf; die Fichten neigten
Mit Krach und Tosen sich wie schwankes Rohr.
Wir konnten nicht vordringen zu der Burg,
So harrt der Graf in einer Klause still,
Bis sich das Donnern und das Blitzen legt.

BALLADINA. Was sahet ihr doch neues auf dem Zug?

BOTE. Der Graf vollführte glücklich seinen Plan.
Kaum drangen wir hinein in Gnesens Gassen,
Kam uns entgegen bei dem rothen Thor
Ein reis'ger Trupp, und Popiel, hoch zu Ross,
Voran dem Trupp. Hoch bäumte sich das Ross
Und schlug die Luft mit hartbeschlagnem Huf,
Und vor ihm kniete demüthig das Volk.
Und Kirkor — hört! Graf Kirkor sprenget vor,
Dem Königsrosse in die Zügel fällt
Und ruft: „Tyrann! Dreifacher feiger Mord
Gab dir den Thron! Nun stirb du selbst!" Und hieb

Den Kronenhelm mit seinem Schwert entzwei.
Dann hob er hoch empor den todten Leib,
Dem Volk ihn weisend. Dieses, anfangs stumm,
Erhob sodann ein tobendes Geschrei, —
Doch wussten wir des Tobens Gründe nicht —
Und plötzlich drang es wogend auf uns ein,
Wir wurden bald umringt, umtost, getrennt,
Von Volkeswellen völlig überschwemmt.
Der Graf hielt fest die Leiche in der Hand
Und in der andern hoch sein blutig Schwert,
Und wir, die Ritter, seinem Willen treu,
Verblieben müssig. Da, des Volks Gedränge,
Wie eine Wog', vom Winde hingestürzt,
Fiel auf die Knie vor Kirkor mit dem Ruf:
„Des Volkes Rächer, König Kirkor, hoch!
BALLADINA. Was? Kirkor König?
BOTE.   Lasst mich enden noch.
Als ihn das Volk mit Jubel König nannte,
Wischt' er das Schwert an Popiels Kleidern ab,
Bedächtig sann er auf der Worte Wahl,
Dann sprach er: „Volk! Ein unbekannter Ritter,
Kann einem mächt'gen Reich ich nicht gebieten,
Was ich gethan, geschah nicht meinetwillen.
Zu stillem Glück, zur Einfalt nur geschaffen,
Trug ich sogar die Grafenwürde schwer,
Und nahm mir auch, statt einer Königsmaid,
Ein armes Bauernmädchen nur zur Gattin,
Statt Wappenschildern brachte sie mir nur
'nen Krug voll Beeren zu; sie tauget nicht
Zur Königin; vor ihrem niederm Stamm
Nicht beugten wohl des Reiches Herrn die Stirn."
BALLADINA. Ha, Lug und Trug! Er lügt! Er lügt!
BOTE.   Und dann
Sprach Kirkor noch: „Nun lasst im Land verkünden:
Wer auf der Königsburg zuerst erscheint,
Mit unsres Reiches wahrer Kron' geschmückt,
Drin der Brillant, als Schlangenaug' bekannt,

Mit zwei Rubinen auf drei Perlen liegt, —
Der sei uns König!" — Mit vereintem Ruf
Das Volk bejaht es — und nun harrt das Land
Bis ihm ein Herr, der Krone Erb', erscheint.

WEIDENSTOCK *(den alle anblicken)*.
Was glotzen mich denn plötzlich alle an?

EDELLEUTE. Da ist die Krone! Nieder! Niederk·iet
Vor unserm König!

WEIDENSTOCK.　　　Was? Hätt' ich ihn nicht,
Ich tränk' mir einen Rausch geschwinde an!
Möcht' aus der Haut schnell fahren, wenn die Haut
Nicht eines Königs Haut...

EDELLEUTE.　　　　　Lang lebe, Herr!

WEIDENSTOCK. Ja, hundert Jahre werd' ich leben gern!
Ich habe doch den Demant Schlangenaug' —
Und möchte gleich zum Tänzchen durch den Saal
Die Gräfin bitten, — doch es ziemt sich nicht.
Doch werd' ich in den Thron so fest mich drücken,
Dass mich kein Mensch vom Throne trennen wird.
Potz Wunder doch!

BALLADINA *(zu Kostrin)*. O horch, es rast der Sturm,
Der Regen saust, — in dieser Schreckensnacht
Hör' ich ein Jammern...

VON KOSTRIN.　　　　　Müder Wächter Ruf.

BALLADINA. O nein, die Stimme klingt, wie ein Gestöhn
Von jenseits. — Wein! — So geht's, — man hätte Lust,
Gehenkt zu werden.

WEIDENSTOCK.　　　　Nach dem frohen Mal
Muss man auf Lust und neue Kurzweil sinnen.
Lasst mal den Tanz der Küchenbären sehen,
Vom Bratendrehen bringt sie her.

EIN BEDIENTER.　　　　　Der Graf
Hat lahm geschossen sie.

WEIDENSTOCK *(zu Puck)*.　　Minister du,
Den Scepter nimm und blase mir was vor,
Doch stopfe mir die Pfeifenlöcher schnell,
Wann dir entschlüpfet durch den dummen Mund

Ein neuer Vorschlag, der des Volkes Wohl
Zum Zwecke hätte.. Höret schweigend zu!
Nun, blase!

PUCK. Was?

WEIDENSTOCK. Tapp' an den Löchern nur!
Das Scepter ist von meiner Haut geschnitten
Und weiss am besten, was nach meinem Sinn.

FUNKE. Spiele nur, spiele, ich im Vereine
Singe als Echo im dunkeln Haine,
Wo es geschehn.

(Puck bläst eine traurige ländliche Melodie, und verwirrte Stimmen in der Luft singen).

GESANG. Beide liebt' der Herr.
War die Wahl ihm schwer. —
Die den Krug mit Beeren bringet,
Sich den schönen Herrn erringet. —
Ha, ha!...

(Das Lied verstummt im Widerhall).

BALLADINA. Was soll's? Wer hat gesungen hier das Lied
Und lacht so höhnisch?

VON KOSTRIN. Still! 's ist eitel Trug.

BALLADINA. Wer sang... *(zu Puck)* Doch spiele weiter! *(zu Kostrin)*
Blick' fest sie an und merke auf das Lied, [Du, Kostrin,
Aus wessen Mund es strömt; — ich sage dann,
Was mit dem Menschen soll geschehn. — Spiel' weiter,
Spiel' einmal noch dein ländlich Liedchen vor,
Und weck' das Echo, das da oben schläft
Am Saalgewölbe. — Facht die Fackeln an.

(Puck beginnt zu blasen).

GESANG. Satan, dein Gesell
Bracht' ein Eisen hell. —
Jene pflückt die Beeren muthig
Und dein Eisen ward so blutig. —
O!...

(Das Lied klingt aus in schmerzlichem Gestöhn).

VON KOSTRIN Brich ab! Die Gräfin wird ohnmächtig.

BALLADINA. Nein!

Ich lebe! Singt! Nur facht die Fackeln an
>> (*Puck bläst*).

GESANG. An der Stirne keck,
>> Welch ein blut'ger Fleck? —
>> War da wohl es rathen thut,
>> Ist es rothes Beerenblut? —
>> Ha!...
>> *(Das Lied klingt aus)*

BALLADINA (*winkt*). Noch singt...

EIN EDELMANN. Wie kommt des Irrsins starer Blick
>> In ihre Augen? hat's das Lied gethan,
>> Das frohes Volk bei mildem Flötenklang
>> Auf Wiesen singt nach vollendeter Mahd.

BALLADINA. Noch weiter...

EDELMANN. Weckt das todtenbleiche Weib —
>> Sie fiel, in Schlaf und schläft mit offnem Auge.

VON KOSTRIN. Gebieterin!

EDELMANN. Befiehl, man lege sie
>> In's warme Bett, — sie liegt da steif und starr.
>> *(Lauter Donnerschlag. — Balladina erwacht).*

BALLADINA. Was war das?... Sagt! — Ein fürchterlicher Traum
>> Erschreckte mich. (*zu Kostrin*) Gesteh', ich sprach gewiss
>> Im Traum, gesteh', hab ich im Traum gesprochen?

VON KOSTRIN. Nein...

BALLADINA. Dann ist gut! Gottlob! Doch als ich schlief,
>> Hat man da wohl was Grässliches erzählt,
>> Von Mord und Tod? (*zu den Gasten*) Nun trinket zu! Ich seh',
>> Ich tauge mehr zur Weiberarbeit, als
>> Zum Zechgelag'.

WEIDENSTOCK (*erwachend*). Nehmt's nicht für übel auf.

ALLE. Was, Herr?

WEIDENSTOCK. Ich schlief, — doch bin ich recht besc' ämt, —
>> Verzeihet mir. *(Er trinkt)* Der Burgherr lebe hoch!

ALLE. Hoch Kirkor, hoch!

WEIDENSTOCK. Ein herzensguter Mann!
>> Statt zu regieren isst er Beeren lieber.
>> So schicket einen Diener in den Wald,

Dass er ihm Beeren bringe haufenweise.

BALLADINA. Ein graus' Gelüste...

WEIDENSTOCK.   In dem Wald am Schloss
Muss es wohl grosse, süsse Beeren geben,
Da Kirkor einen Krug viel lieber mag
Als Königsschuh' und prächt'gen Königsmantel.
Der Truchsess bringe einen vollen Krug
Herbei, zu kosten von der leckern Speise.

BALLADINA. Nur Muth!... Es kann nichts ärgres mehr geschehen.
Ich hörte schon des Grabes Stimme sprechen,
Nun will ich sehen, ob das Grab vermag,
Noch etwas zu gebären. Beeren her!

(Es erscheint der Schatten Alinens mit einem Beerenkrug auf dem Haupte).
Ich ahnt' dich lange in der Luft — und jetzt
Bist du vor mir. — Dein Auge glänzt! Du weisse!
Ich zittre nicht, — siehst du? — Doch komme mir
Nicht nah...

EIN EDELMANN. Sie redet irr, — was redet sie?

BALLADINA. Komm' nicht zu nah! — Es reiche jemand mir
Die Hand, — ich fürchte —

EIN EDELMANN.   Höret, höret ihr,
Wie ihr die Zähne vor Entsetzen klappern?

BALLADINA. Weg, du Verdammte! — Fort mit diesem Krug!
Drin rührt sich was, was sich im Grabe rührt
Bei faulen Leichen. — Fiel da in den Saal
Durch's Fenster her des armen Sünders Schatten,
Der an dem Galgen hieng, und steht nun da
So still, so athemlos? — Fort, weisser Spuck,
Geschlachtet — fort!

(Der Schatten verschwindet).

EIN EDELMANN.   Wie riecht's nach Beeren hier?

EIN ANDERER. Die Luft voll Beerenduft, fürwahr!

BALLADINA *(sinkend).*   Ich sterbe!

VON KOSTRIN. Schnell, Wasser her! Ich reiss' ihr auf das Kleid...
Die Brust benetzt — und ruft die Zofen her.

(Dienerinnen kommen).
Bringt sie zu Bett...

12

(Man trägt Balladinen hinaus).

   Ihr Herren, auf vom Tisch!
Der Fackeln Licht erlischt und Ekel weckt
Der Tisch voll Flecken, Brot und Bratenreste. —
Wollt ihr benagte Knochen an den Kopf
Euch werfen, wie der Dänen wüstes Volk?
Ich bitte, auf! Die Tische weggeschafft!
Ihr geht dem König, Fackeln tragend, vor,
Wo in dem Erker steht für ihn bereit
Ein weiches Lager. — Morgen neue Feste
Und neue Lust und Freude, so wie gestern.
Für heut' genug... Ihr Herren, Schlafenszeit!
Auf von den Bänken, von den Bechern auf!
Schwer hält's, die Herren von dem Tisch zu treiben
Und von dem Trunk. — Sie hängen an dem Krug
Blutegelförmig, voll und übersatt.

(Man trägt die Tische hinaus. Diener mit Fackeln führen den Weidenstock hinaus, ihm folgen alle Gäste. Von Kostrin beschliesst den Zug).

II. SCENE.

Wald vor der Hütte des Einsiedlers. — Der EINSIEDLER und KIRKOR.

KIRKOR. Verbirg dich, alter Mann, der Sturm beraubt
  Der weissen Haare dich. Heut' rauben alle,
  Den Mantel greift der Dieb, das Hemd die Noth.
  Muss alles schützen die bewehrte Hand...
  Doch trauerst du zu früh, — ich schwöre dir
  Ich sterbe oder bring' die Kron' zurück.
  Bin nah' der Burg und könnt' in kurzer Frist
  Mit tausend Küssen von der Gattin Mund
  Mich laben, wie das Vöglein Perlenthau
  Aus ros'ger Hülle trinkt, — doch gönn' ich mir
  Die Wonne nicht. Nach Gnesen diese Nacht
  Begeb' ich mich und künde laut dem Volk,
  Dass du, der echte Erb', durch Diebeshand
  Dein Gut verlorst. Herolde send' ich dann

Durchs Land und lass' verkünden überall,
Dass, wer da kommet mit der Krone Lechs
Und frechen Anspruch an den Thron erhebt,
Ein Lügner ist, dem auf die kecke Stirn
Mein Schwert das Wort: „Ein Dieb!" hinzeichnen wird.
Du bete, Greis, dass Gott in diesem Kampf
Mir Sieg verleih', und warte mit Geduld.

EINSIEDLER Gott segne dich!

KIRKOR *(klatscht in die Hände, ein Ritter kommt).*
                          Zu Pferd! In vollem Lauf
Nach Gnesen, auf!

                (Der Ritter ab).

EINSIEDLER.   Verweile! Hör' den Rath!
Zieh' heim und raste und erwäge noch
Das Unternehmen.

KIRKOR.   Nein, du müss'ger Greis!
Ich will noch heut' die ganze Pflicht erfüllen
Und nach gethaner Arbeit glücklich ruhn
Im Arm der Gattin. Meines Landes Wohl
Leg' ich auf deine Schulter. Wird die Last
Der Pflichten drücken dich, dann leb' ich still
Auf meiner Burg verborgen, mich ergetzend
An Gartenfrüchten, und am Arme wiegend
Ein zartes Knäblein, mein geliebtes Kind.
Dies ist mein Sehnen!... Einmal wohl im Jahr
Ein Schreiben sendest du von deinem Thron.
Einmal im Jahr bringt eine Taube mir
Die Nachricht her von jenen grossen Dingen,
Die mich zu sanftem Schlummer unter Linden
Entzücken wird. Du wirst beneiden dann
Mein stilles Glück, die liebe Gattin, Kind
Und Lindenschatten und das kühle Laub —
Den sanften Schlaf, den goldiggelben Meth. —
Nun lebe wohl! Vorm ersten Sonnenstrahl
Bin ich in Gnesen. Kinder, schnell, sitzt auf!

                (Kirkor ab).

EINSIEDLER *(allein).* O Gott! Er ziehe gegen Gnesen lieber,

Als dass er drückte an die edle Brust
Die blut'ge Gattin. Ach, erführst du nie,
Welch eine Mutter dir gebären wird
Der Kinder Schar! Und machte lieber Gott
Zum Witwer dich, eh'er dir Kinder schenkt.
STIMME DER WITWE. Ich arme, arme!
EINSIEDLER.   Welch ein klagend Rufen,
So thränenvoll?
STIMME DER WITWE Ich armes, armes Weib!
    (Die Witwe kommt, mit der Hand an den Bäumen tappend).
EINSIEDLER. Ein Weib, in schnöd zerlunptes Kleid gehüllt
In Sturmesnacht allein und krank und blind.
    (Zur Witwe).
Woher des Weges, Mutter?
WITWE.   Mutter? Gott!
Nicht nenne so, elende Tochter, mich,
Der Hunde Mutter ich!
EINSIEDLER.   Wer bist du, Arme?
WITWE. Ich bin nicht arm, nur alt und grau, so grau,
Wie Täubchen grau. Du weisst nicht, was geschah?
Die Gräfin, meine Tochter, schmauset dort —
Und ich im Wetter mit dem weissen Haupt —
Und ruf' dem Donner: Schlage, schlag' in mich!
Er folget nicht... Und auf der Burg versammelt
Der Schwelger Schar entzücket sich darob,
Dass meine Tochter trinket mit, die Gräfin!
Verstehst du wohl? Sie hat ein Schloss und Thürme —
Ist Gräfin —
EINSIEDLER.   Sag', wie heisst die Tochter dein?
WITWE. Heisst Tochter nur. Allein ich glaube nicht,
Dass sie im Kopfe hätt' ein Augenpaar,
Das weinen könnte. — In den wilden Sturm,
In Blitz und Donner jagen hin die Mutter,
Die sie gesäugt und deren Brust nun dürr,
Vor Alter dürr, — und deren Haar so weiss, —
Ein Heiligthum!
EINSIEDLER.   So komm' in meine Hütte,

Du schauerst ja vor Frost.

WITWE.   Die ganze Burg
Gehöret ihr, gross wie die halbe Welt...
Denn sie ist Gräfin...

EINSIEDLER.   Komm'!

WITWE.   Ich warte hier,
Die Tochter kennt doch deine Hütte nicht?
Vielleicht, wenn dort der Hund sich mit Gebell
Auf einen Bettler wirft, gedenkt sie mein
Und lässt mich suchen... ja vielleicht, vielleicht —
Denn Gott ist gut...

EINSIEDLER.   Nun komm', du wartest hier
Des Sturmes Ende. — Mit dem Morgenstrahl
Führ' ich zu einem mächt'gen König dich.
Du wirst ihm betend hin zu Füssen fallen...

WITWE. Ich werde sagen ihm: Ich arme Mutter,
Ich fleh' dich an... (*Sie kniet nieder*) Mein König, grosser Herr!
Lass' meine Tochter, mein so reiches Kind
Die Mutter lieben. (*Sie steht auf*). Und er stehet auf
Und führet mich an meiner Tochter Herz...
Und weisst du auch, an meinem Skapulier
Wollt' ich an einer Fichte mich erhenken,
Der Ast brach ab...
Denn dumm und blind wählt' ich den dürren Zweig,
Den Zweig, der Fichte Tochter. — Ach, du Schlange,
Erbarmtest dich der armen Mutter nicht!
Ich hätte ja an hartem Brot genug
In deinem Schlosse! Wenn nur deine Hand,
Den weissen Täubchen Weizenkörnlein streuend
Hin in das Gras, die alte Mutter nicht
Vom Weizen scheuchte. — In den Sturm hinaus
Die Mutter jagen! — In den Sumpf ich sank,
Das Licht der Augen frass der rothe Blitz...

EINSIEDLER. Bist du geblendet?

WITWE.   An dem Hirn mir frisst
Ein graulich Dunkel. — Vor dem Abend noch
War mir so licht, dass ich durch Hainesdickicht

Das weisse Sonnenlicht konnt' unterscheiden
Vom blassen Mond, und nun...

(*Es blitzt*).

EINSIEDLER.   Auch dieser Blitz
 Erglänzt dir nicht?

WITWE.   Was hilft das Augenlicht
 Vor Gottes Hand. — Was nützt mir das Gesicht?
 Und weisst du nun, ich glaube jetzt die Mähre,
 Die ich nicht wollte glauben bis dahin,
 Dass kleine Schwalben vor dem Wanderzug
 Die alten, greisen, armen Mütter tödten.
 So ist es! Wahres sagt des Volkes Mund.
 Nun werd' ich bettelnd mir ein Liedchen dichten,
 Ein kleines Liedchen von den schwarzen Schwalben,
 Die ihre Mütter tödten. — Sieh', wie schlimm
 Die zarten Vögel! Fort! das alte Weib,
 So hungrig, — in der Winde grausig Spiel,
 Das zerrt das graue Haar...

EINSIEDLER   Es fallen dicht
 Die Guten hier zum Opfer arger Tücke.
 Du sollst dies alles vor Gericht bezeugen

WITWE. Bist Mutter auch? Du eine Mutter auch?
 Ich geh' nicht mit, gewiss, es gäbe Streit
 Wes Tochter schöner heisst..., die meine heisst...
 Wenn aus dem Grabe du mich wecken wolltest,
 Ruf': Balladina!... Nun zu einem Quell,
 Zu trinken, wie der Spatzen lustig Volk,
 Empor das Köpfchen reckend, Gott zum Dank.

(*Singt murmelnd*).

 Mutter hatte Küh' im Stalle
 Eine Hütte, schöne Gärten
 Und zwei Töchter...

(*Geht in den Wald*).

EINSIEDLER. Ich lass' die Mutter suchen überall
 Im Land, und strafe schrecklich jenes Kind.

(*Ab in die Klause*).

III. SCENE.

Nacht — es blitzt. Ein finsterer Saal in Kirkors Burg. FUNKE und PUCK kommen aus der Thür, durch welche man den Weidenstock abgeführt hatte.

FUNKE. Still entschlief der Herr im Thurme,
Schnarcht geruhig. Ich entfliege,
In den Blitzen, in dem Sturme
Bade mich und badend wiege.

PUCK. Ich treibe Kurzweil nur im Stall und aller Orte
Wo keine Elster hängt genagelt an der Pforte,
Und jene blinde Eule, die im Thurme hauset,
Bat mich zum Essen heute... Was man da wohl schmauset?
Wird maulen wohl und zornig murren Freund Uhu,
Wenn ich mich schön bedanke für sein Mausragout.

FUNKE. Ich fliege, lass' mich gewähren,
Die alte Störchin zu nähren,
Denn blind ist die Arme und taub.
Kaum konnt' ich entreissen den Raub
Der Bauern mächtigen Keulen.
Ich fliege und darf nicht verweilen, —
Vom Sturme zu Tode geschreckt,
Ist, fürcht' ich, die Arme verreckt.

PUCK. Welch ein Gepolter?

FUNKE.   Thüre springen auf —

PUCK. Wer kommt hinauf?

FUNKE. Ein weisses Schreckbild... nun zum Fenster hin!
(*Er fliegt zum Fenster hinaus*).

PUCK. Hui! In den Stall, zu drillen Pferde drin!
(*Er fliegt hinaus*).

IV. SCENE.

Derselbe Saal.

BALLADINA (*kommt allein im Nachtkleid, mit einem Messer in der Hand*).
Mir kam kein Schlaf, das Messer lag, — ich nahm's.
Im Hemde — Schmach! Wenn jemand dich erblickte
Im Hemd, ein Messer in der Hand — bei Nacht!

Es raschelt!... Horch!... Der Wind blies aus das Licht.
Ah, nein — so still... es schläft die ganze Burg
Im tiefen Schlaf... Wenn jener Mensch so schläft
Mit offnem Augenlid, was dann?... Was dann?
Wenn ich's nicht heute thu', werd' ich es morgen
Bereuen, — ja, ich werde es bereuen.
Der Wind schlug zu die Thüre hinter mir,
Mich däuchte, dass ein Höllengeist sie sperrt;
Ich wagte nicht, mich wendend umzuschaun,
Als müsst' ich was Entsetzliches erblicken.

(Sie schaut sich um).

Und doch — nichts da, ja gar nichts, — dunkle Luft
Und Nebeldunst, — Gespenster nicht, kein Spuck.

(Es blitzt).

Ach, alle Geister loben Gott! Wie roth
War dieser Blitz! Die Wände rings herum
Sah ich so weiss, — doch stille, — alles schweigt.
Voran! Doch wenn der Blitze Glut erhellt
Mein Antlitz, da ich über seinem Haupt
Das Eisen zück', — was dann? Dann zeigt der Blitz,
Wohin das Eisen treffen soll! Ihr Blitze
Schafft rothen Tag im Schoosse dunkler Nacht!
Seid Sonne mir zur nahen That! Ich gehe!

(Sie geht in den Thurm).

V. SCENE.

Derselbe Saal.

VON KOSTRIN *(kommt gerüstet mit gezucktem Schwert).*
Die Pforte offen! Glück, nun führe mich,
Gewähre, dass ich von dem goldnen Widder,
Ein neuer Jason, hol' das goldne Vliess.
Ich schwöre, ich, des Vater hieng am Galgen,
Wie Fürstensohn besteige ich den Thron;
Heut' Sklave nur, bin ich schon morgen Herr
Von Tausenden... Nur still! Die Eule schreit

Am Thurme hoch... Die Treppe nun hinauf —
Bereit ist alles. Alle Schlüssel da,
Von jedem Thor... Des Pferdes Hufe noch
Mit Tuch umwickelt... Mit der echten Krone
Verschwinde ich, ein schwarzer Geist, in Nacht;
Und schaffe endlich das verbuhlte Weib
Vom Halse mir. Nun, Satan, führe mich!

(Er will in den Thurm gehen, in der Thür begegnet er Balladinen und tritt erschrocken zurück).

    Wer da?

BALLADINA. Ich bin's.

VON KOSTRIN.   Alleine, nachts? Was soll's?
Ich hört' ein Stöhnen, wollte Hilfe leisten.

BALLADINA Schaff' Licht herbei! Das Licht erblicke mich,
Mir müssen schrecklich roth die Wangen glühn.
Zu Ende! — Wem hast wollen Hilfe leisten?
Es scheint der Sturm nun endlich aufzuhören,
Es blitzt nicht mehr. — Du hörtest also auch
Das grause Stöhnen? — Schallt' es bis hieher?
Sehr sonderbar! — Im letzten Athemzuge
Aufseufzte er... Kostrin, nun schaffe Licht,
Hinunter geh'.

    (Von Kostrin geht).

    Das Blut riecht sonderbar...
Nun ist's vollbracht, — die Reue käm' zu spät.
Wir alle werden einmal leichenkalt. —
Licht! Licht herbei! — Mein Schloss für etwas Licht!

    (Von Kostrin kommt ohne Licht).

VON KOSTRIN. Die ganze Burg im tiefen Schlaf versunken,
Erloschen gar die Lichter an dem Thor.
Soll ich die Diener rütteln aus dem Schlaf?

BALLADINA. Nein, wecke nicht! Die Hand ist wohl besudelt
Zum Ellenbogen, — riecht so sonderbar.

VON KOSTRIN. Du nahmst die Krone?

BALLADINA.   Nein, doch hol' ich sie,
Ich fürchte nicht. — Ich weiss, wo 's Lager steht.

    (Balladina geht in den Thurm).

VON KOSTRIN. Ein grauser Muth! Bald wäre ich versucht,
   Noch Gott zu danken, dass sie mich enthebt
   Der That... Ich möchte an der Stirn ihr schauen,
   Wie eine Löwin schreckenvoll erblasst.
            (Balladina kommt ohne Krone).
BALLADINA. Am Tische tappt' ich hin und her vergebens,
   Der Tisch war einem kalten Antlitz gleich...
   Es war vielleicht kein Tisch...
VON KOSTRIN.   Nun halte Wacht,
   Ich gehe hin...
BALLADINA.   Halt,... warte... gehe nicht!
   Ich fürchte nicht, — bereu' es nicht einmal.
           (Von Kostrin geht in den Thurm).
   Die Reue kommt bei dem Lechitenvolk
   Zu spät und quält in stillem Schlummer sie.
   Vielleicht erscheint ein blutigroth Gespenst
   Im Traum den Schläfern in dem Augenblick; —
   Sie schlagen schlafbefangen schnell ein Kreuz. —
   Er kommt herunter... Wie die Treppe knarrt...
       (Zu Kostrin, der mit der Krone kommt).
   Nun hast du sie? — Was hältst du in der Hand?
VON KOSTRIN *(dumpf).* Ja.
BALLADINA.   ·Gib! Nein, nein! Nicht komme mir zu nah',
   Ich werde sonst um Hilfe rufen laut...
   Bleib' dort...
VON KOSTRIN.   Was soll's? Du bist von Sinnen ja?
BALLADINA. Bleib' dort, ich rufe auf vom Schlaf die Burg!
   Bleib dort, — entfernt, — bis der Gedanke dir
   Entflieht,... ich ahne, fuhle, höre ihn!
   Du wolltest tödten mich, es schlug dein Herz
   So laut, wie meines pochet, wann ich morde.
VON KOSTRIN. Wenn ich's gedacht, verflucht für ew'ge Zeit
   Sei des Gehirns geheimste Falte, die
   Die Tollheit ausgebrütet.
BALLADINA.   Komm' hinein...
   Wir werden leise alles dort beschliessen,
   Was morgen soll geschehn.

(Es dämmert).

VON KOSTRIN.   Ich habe Kunde,
Dass Kirkor dort in Gnesen jedem droht
Mit seinem Schwert, der mit der wahren Krone
Den Thron verlangt...

BALLADINA.   Nun sei's! Ich finde mir
Schon Volk und Waffen! Mir gehöret auch
Der Haufen da im Schlosse, den ich mäste;
Und Kirkor wird den goldnen Regen nicht
Bezwingen... Horch!

VON KOSTRIN.   Es zwitschern schon die Spatzen —

BALLADINA. Wie? Ist es Tag? Schon Tag? Schon heller Tag?
Das Licht so weiss... O Gott! Es schwindelt mir!

VON KOSTRIN. Geh', schlummre noch des Zwielichts graue Stunde,
Ich wecke dich, sobald die Sonn' erscheint,
Es wird bereit auf deinen Wink sich stellen
Bewährter Ritter eisenfester Kranz.
Es wird schon gehn! — Ein Herr wird bald beschaffen!
Gib mir den Schlüssel ven dem Schatz, ich messe
Das Gold den Mannen kannenweise zu.

BALLADINA. Ein Ende mache mit dem Klausner dort
Und das Geheimnis kennen nur wir zwei.

VON KOSTRIN. Nein, dreie doch, — ist schwanger doch dein Leib.

BALLADINA. Wie? Wird das zarte Kind im Mutterleib
Es wissen? Nein! — Noch nicht zur Welt geboren,
Ein solch Geheimnis sollt' es tragen schon?
Du scherzest wohl? Doch sollt' es auch so sein,
Bin ich denn rasend, lebend es zur Welt
Zu bringen? — Nein, das Kind wird leben! — Nein!
Das Kind weiss nichts...

VON KOSTRIN.   Du starkes Löwenweib,
Entschlummre nun, erwache neu gestärkt
Zu neuer That in blut'gem Männerkampf.

(Beide ab).

V. AUFZUG.

I. SCENE.

Eine Wiese im Walde. — FUNKE und PUCK

FUNKE. Frisch der Morgen nach dem Sturme!
Ich besuchte und erquickte
Jene Störchin!
PUCK.   Auf dem Thurme
Schmauste ich mit Eulen im Verein,
Doch wo mag die Herrin sein?
FUNKE. Ich werde wieder ziehn
Durch Flur und Wald dahin,
Die Blumen emporzurichten;
Zerzausten Roggen zu schlichten,
Komme zum Teiche geflogen.
Locke mild, zärtlich gar
Goplanas Schwänepaar
Her durch krystallne Wogen
Aus ihrem Schilfgehäuse.
Über dass weisse Gefieder
Streue ich Körnlein wie Gold, —
Fliege dann auf, eile wieder,
Wo unter Haselnusszweigen,
Die sich im Perlenthau neigen,
Goplanas Hindin grast.
Werde in Farben sie hüllen,
Mit Rosenduft sie umspülen
Und wieder weiter enteilen.

(*Es kommt ein Nebelstreif, vom Regenbogen beleuchtet; unter dem Farben-
thor tritt Goplana hervor*).

GOPLANA. In meine Arme, ihr Kleinen!
Ich will euch noch einmal liebkosen,
Ihr weinende Veilchen, ihr Rosen,
Ich werde euch nimmer erscheinen.
FUNKE. Dieses Lied?

GOPLANA. Ach, ist Abschiedsgesang.

FUNKE. Noch beuget sich nicht unterm Schwalbengewimmel
Am Teiche das Schilf, lacht freundlich der Himmel,
Noch dauert der Frühling uns lang.

GOPLANA. In schreckliche Länder ich geh',
Wo Fichten wachsen im Schnee,
Die Sonne, wie sinkende Glut,
Der Mond, wie Leich' ohne Blut,
Die nachts ihrem Grabe entsteigt.
Der strafende Engel fleugt
Mir nach und ruft unverwandt:
„Denk' an dein Rosenland!"
Nehmt nun den letzten Gruss, —
Ich verwirrte das Handeln und Denken
Der Menschen, und Gott nun muss
Den rächenden Donner senken
Auf ihre Schuld, ihre Mühn.

FUNKE. Wir lassen dich nicht ziehn
Goplana, Herrin, Goplana!

GOPLANA. Lasst mich, die arme Verbannte!
Einst wird hieher zu euch fliegen
Ein Vöglein, das unbekannte,
Auf Trauerweiden sich wiegen,
Im Lied mein Schicksal euch beichten.
Durch meine Schuld es geworden,
Dass ich muss ziehen nach Norden.

PUCK. Ich will den Weg dir beleuchten,
Ein Flämmchen dir tragen im Fluge

GOPLANA. In langausgestrecktem Zuge
Heut' nordwärts Kraniche ziehn.
Mit ihnen wird es gelingen,
Mich durch die Luft zu schwingen,
Wie Blumen in Wellen fliehn,
Vom Mädchenkranze gerissen.

FUNKE. O weh! O weh! O weh!

GOPLANA. Nicht weint, ihr Lieben, ihr Süssen!
(*Sie blickt in den Wald*).

Der Kraniche graues Gewimmel
Sinkt auf bethautes Gefilde.
Wann sie sich heben zum Himmel,
Des Zuges End' ich erreich'
Im Blau hinfliegend, so bleich
Wie Mondesschimmer, der milde,
So leicht, wie Laub, das entsank.
Nur über Gnesens Mauern
Hinziehend werd' ich trauern
Und singen den Abschiedsgesang.

(Sie geht ab. Funke und Puck folgen ihr).

II. SCENE.

Unter den Mauern von Gnesen. — KIRKOR kommt mit gezückt m Schwert,
mit Adlerflügen an den Schultern, — an der Spitze seines Heeres. — Flie-
gende Fahnen, Trompetenstösse.

KIRKOR *(zu den Rittern).* Der Mann, der unser Land in Anspruch nimmt,
Verweigert mir den ritterlichen Kampf.
Wie kriechendes Gewürm verbirgt er sich.
Er hat gesammelt, hat vielmehr erkauft
Mit Gold und Worten eine grosse Schar, —
Nun will der Mann von unbekanntem Schilde
In offner Feldschlacht sich den Thron erringen,
Mein Grab soll ihm als erste Stufe dienen.
Und viele Ritter (Gott beschütze uns
Vor solcher Tollheit, solchem blinden Thun!)
Sie sind gewichen unter das Gezelt
Des offenbaren Lügners... Aber Gott
Kennt unser Herz; nicht brauch' ich feile Seelen.
Wann Popiel kommt, nach dem ich in den Wald
Drei Ritter sandte, stürmen wir sogleich
Das goldne Lager jenes frechen Feinds
Mit donnergleichem Adlerflügelschlag.

(Zu den Rittern auf der Mauer).
Ihr sperrt die Thore... Und von den Basteien
Die Katapulten richtet auf das Feld.

Wenn ich auch sinke, falle, kann der Wall
Noch lange halten. Und erfahrne Männer
Berichten euch in Stunden der Gefahr,
Dass jene schwache Mauer dort im Süden
Zum Schutze einen Wall von Männern braucht.
Doch hoffe ich, die Stadt erwachet morgen,
Vom Feind befreiet.

DIE RITTER.   Graf, der Sieg ist dein!

KIRKOR. Wenn Gott es will! — Wann leg' ich ab den Helm!
Wann sehe ich die Gattin! Und das Ende
Von Mord und Frevel endlich schau'!

EIN RITTER.   Ein Bote!

(Ein Bote kommt mit Staub bedeckt).

KIRKOR. Zu drei gesandt, nicht führet ihr herbei
Den Klausner Popiel?

BOTE.   Herr, ein Gräuel!

KIRKOR.   Sprich!
Saht ihr ihn nicht? Mach' schnell! Die Schlacht beginnt.

BOTE. Nicht fanden wir den Alten in der Klause,
Doch vor der Hütte hoch auf einem Ast
Hieng seine Leich' an einem starken Strick.
Das weisse Haar und das zerriss'ne Kleid
Zerweht' der Wind und schaukelte die Leiche,
Wie Ammen thun.

KIRKOR.   Im Lager lasst ertönen
Den Ruf zur Schlacht. — Ihm blieb das Schicksal gleich,
Es quälte ihn zum End', und gab den Tod
Von unbekannter Hand! — Mein Herz wird weich
Nach deiner Mähr' — nun tummle dich im Kampf —
Du sagst, er hieng?

BOTE.   Im groben Mönchsgewand
Vor seiner Klause. Auf dem Unglücksbaum
'ne Krähe schrie...

KIRKOR.   Wohlan! Die Fahnen hoch
Im Windesflug! Die Reihen dicht gedrängt!
Der Muth gibt Sieg! — Die Bogenschützen vor!

(Alle ab).

III. SCENE.

Balladinens Zelt. — VON KOSTRIN und BALLADINA kommen gerüstet
mit gesenktem Visirn.

VON KOSTRIN. Im Zelt verweil', nicht gehe ins Gefild.
  Mich dünkt, schon bald beginnet Kirkors Schar
  Den Kampf. Im Thal sein Lager sich erstreckt,
  Das unsre hoch wie stolzer Adlerhorst.
BALLADINA. Bald müssen viele hin vor Gottes Thron.
VON KOSTRIN. Wo Korn man drischt, da flieget reiche Spreu
  Zum Himmel hoch. Du bleibe vor der Schwelle
  Und nicht entwirre zu gewissenhaft
  Den wunderbar verwirrten Schicksalsknäuel,
  Den wir geflochten.

(Ein Soldat kommt).

SOLDAT.   Mit gewalt'gem Schall
  Zum Kampfe rücken Kirkors Scharen vor.
VON KOSTRIN. Du liebes Königsblümchen, lebe wohl!
BALLADINA. Wer siegt?
VON KOSTRIN.   Du, Herrin, bleibe still im Zelt
  Und geh' nicht eitel in des Goldes Glanz,
  Wo Sonnenstrahlen, Bogenpfeile schwirren.
  Bleib' still im Zelt und sing' ein Lied und webe
  Ein Königskleid, — ein weisses Todtenhemd...
  Dies oder eines brauchest du gewiss...
  Ha, Bleigeschosse von den Schleudern fliegen,
  Wie stachelig! Her, Knappe, meinen Speer,
  Den Schild herbei..

(Er nimmt den Speer und den Schild aus der Hand des Knappen und geht).

BALLADINA *(allein).*   Wann er den Sieg erringt,
  Wie' lohn ich ihn? Des ganzen Landes Schooss
  Hegt nicht Metall genug, um seinen Geiz
  Zu stillen — Doch — wenn er die Schlacht verliert?
  Wenn er verliert, ha — dann ist alles aus!
  Ein Augenblick des Schreckens — nun — und dann
  Löst alles sich, wie Hexenmärchen, auf.
  „Sie hat verloren, hat die Brust durchbohrt,

„Das Messer war mit Schlangengift geschwängert". —
Wo ist das Weib? Ich fand es in dem Wald,
Der alten blitzgespaltnen Eiche gleich,
Ein Ungethüm, ein Schreckbild, — ich befahl,
Dass sie den Raben gleich, dem Lager folge
Und Schlangenspeichel bringe mir herein.

(Ein altes Weib in Lumpen kommt).

Bist du 's?

DIE ALTE.   Ich bring' ein Fläschchen Menschengift.

BALLADINA. Gib her und flieh' in deinen dunkeln Wald,
Entflieh' hinweg, du alte Hexe, schnell!
Wenn ich des Giftes Kraft versuchen werde,
Bezahl ich's.... Fort, sonst werden dich die Ritter
Ergreifen und am Strick im Flusse schwemmen.

(Das alte Weib flieht).

Ein Ungeheuer! Nieder hängt das Haar
Wie Stroh vom Natternnest, — die Augen roth,
Wie Wolfeszähne, blutigroth vom Aas.
Das gift'ge Messer fährt in meine Brust,
Wenn ich in Kirkors Hand lebendig falle,
Und beisset todtlich an — mein pochend Herz,
Wie Wespenstachel. An der einen Seite
Mit Gift benetzt, ist es so grässlich schwarz
Und rostet röthlich, spielt in ekles Grün.
Die andre Seite, die noch nicht getränkt
Mit Schlangenspeichel, glänzt noch hell und blank,
Wie frisch am Stein geschliffne Schwertesklinge.

(Ein Soldat kommt).

Was gibt's?...

SOLDAT.   Gebieter, Alles tobt verworren
Am Schlachtfeld, einer Wetterwolke gleich.

BALLADINA. Verlieren wir?

SODDAT.   Auf einer Schanze hoch,
Wo Birken an der Quelle wachsen, stand
Graf Kirkor, und um ihn ein mächt'ger Wall
Von Menschenleichen,... feurig blitzend haut
Sein blankes Beil.

14

BALLADINA.   Sonst hattest du an mich
Nichts auszurichten?
SOLDAT.   Ich vermelde, Herr,
Zweihundert Mann, mit schwerem Gold gewonnen,
Verliessen Kirkors Reihen, in der Schlacht
Zu uns sich schlagend. Löset sich noch auf
An linken Flügel leichter Schützen Schar,
Die auch erkauft, dann ist der Sieg bei uns,
BALLADINA. Sie schwanken noch? Der zagende Verrath
Kann mehr uns schaden, als bewährte Treue. —
Trag' in das Schlachtgewimmel hin dein Schwert,
Gelingt es dir, den Feldherrn zu erhaschen,
So ist dein Glück gemacht! — Nur klug bedacht!
Man kann die Höh' umschleichen doch, und dann
In Rücken fallen, plotzlich überraschen,
Den Stahlhelm spalten — geh' und fechte kühn!
(Es kommt ein anderer Bote).

BOTE. Der linke Flügel löst gemach sich auf
Und flieht nach Gnesen, — bald zu End' der Kampf.
Der Sieg ist unser!...
BALLADINA.   Für die gute Mähr'
Gebüret Lohn... *(gibt ihm Geld)* Der Feldherr doch gefangen?
BOTE. Ich sah die Fahne Kirkors hoch gesteckt
Auf jenem Hügel, wo drei Birken stehn,
Und hoch gehäuft umringte ihn ein Wall
Von Leichen, — vor Entsetzen scheuten wir,
Auf ihn zu werfen zielend das Geschoss,
Und zu erstürmen jene Leichenmauer.
BALLADINA. Wenn dir an Muth und Mannheit nich gebricht,
Wenn dir ein Sack voll Silbergeld erwünscht,
Besteig' den Hügel, klimme kühn empor
An Leichenrippen, wunden Leichenschädeln,
Geh' hin und morde! *(Man hort ein Geschrei)* Was für Stimmen dort?
(Von Kostrin kommt mit Blut bespritzt).

Und Kirkor?
VON KOSTRIN.   Todt...

BALLADINA (*das vergiftete Messer einsteckend*)
     Mein Messer war bereit...
Ich schulde dir das Leben. Lass' durch's Schwert
Der Führer Häupter fallen, — geh', befehl's!
    (*Von Kostrin geht*).
STIMMEN *(draussen)*. Hoch Von Kostrin! Der Feldherr lebe hoch!
BALLADINA. Er lebe hoch!... Ich schwatze ihnen nach,
  Wie dumme Elstern. — Ich umarme ihn,
  Und lasse ihn im brünst'gen Kuss ersticken.
(*Von Kostrin führt eine Gesandtschaft aus der Residenz herein, — ein*
   Bürger bringt Brot und Salz auf goldner Platte)
VON KOSTRIN. Gesandte kommen von der Hauptstadt her.
BALLADINA. Wird schon gehenkt?
VON KOSTRIN   Des Aufruhrs Häupter harren
  Des Winks gewärtig unterm Birnbaum dort;
  Der Baum sich freut, dass heuer ihm gelingt,
  So edle Fruchte zweimal gar zu tragen.
BALLADINA (*zu den Gesandten*). Was wünschet ihr?
EIN GESANDTER.   Du lichter Engel, Herr!
  Zu dir erhebet das verwaiste Volk
  Sein wehes Herz! Du herrsche in dem Land!
  Die Hauptstadt beuget demüthig das Knie,
  Es harret dein das offenstehnde Thor,
  Sei uns willkommen, edler, lieber Herr!
  Die Herzen, Schätze, was uns nur gehört,
  Wird strömen freudig hin zu deinen Füssen,
  Du hast des Volkes Dank dir schon verdient,
  Die Führer strafend, die uns irre führten.
  Sie hielten uns mit Drohung, Straf' und Pein
  Zurück, doch unsre Herzen suchten dich.
  Es sei uns doch vergönnet, zu erweisen,
  Dass kein Verräther unter uns, o Herr,
  Mit seinem Thun hat deinen Zorn verdient.
  O mögest du der armen, tiefgebeugten,
  Die hier im Staube niederknien vor dir,
  In Huld gedenken. Wir empfangen dich
  Mit Brot und Salz.

BALLADINA. Hat niemand von dem Tross
Im Felde Waffen gegen mich getragen?

VON KOSTRIN. Es liefen zungenfertig ihrer zwei
Das Volk zum Kampfe stachelnd.

BALLADINA. Wo sind sie?

VON KOSTRIN. Die beiden Herren Bürgermeister da.

BALLADINA. Die beiden Herren werden an der Glocke
Des Schlosses aufgeknüpft.

EIN GESANDTER. In deinem Schooss,
O Herr, ein steinern Herz.

BALLADINA. Es s i denn also,
Auf eure Bitten lass' ich Gnade walten.
Schlagt ihnen aus die Zähne sammt den Kiefern,
Dass sie nicht schwatzen mehr.

EIN GESANDTER. Gibt es kein Mittel,
Dich zu erweichen mit Gebet und Thränen,
Du eisenharter Herr?

BALLADINA. Ich bin ein Weib.
(Alle treten mit Entsetzen zurück).
Was weichet ihr zurück, wie vor der Pest,
Und bücket euch, wie windbewegtes Korn,
Zum Boden tief?

EIN GESANDTER. Wir harren deines Winks.
Gebiete, herrsche mit des Volkes Willen.

BALLADINA. Auch ohne ihn... Nun reicht mir Brot und Salz,
Ihr Herrn, ich will der Hefe drin vertrauen.
Mein Kostrin, komm'! Ich schulde dir so viel,
Dass dir die Hälfte der besiegten Stadt,
Des Landes Hälfte und des Brotes Hälfte
Mit Recht gebürt.

(Sie langt das an einer Seite vergiftete Messer heraus und schneidet das
Brot in zwei Hälften).
Ich theile alles treu,
Das Herz empfängst du ganz.

VON KOSTRIN *(vor ihr nieder knieend).* O hohe Frau!

BALLADINA *(kostet von dem Brot und sieht, dass Kostrin von seiner Hälf-*
te isst).

Thu', was ich thue. Ich befürchte nicht
Im Brot des Wilkomms Gift. Und wenn statt Korn
Zum Brot sie Schlangenschuppen hier gebacken, -
Wird schmecken doch das Brot, so hart errungen
Mit Müh' und Kampf. Man muss den Menschen traun!
Nun lasset laut und mächtig zum Triumph
Drommeten klingen. Krieger, folget mir
In das durch Waffen aufgemachte Thor.

(Sie geht, an Kostrins Arm gelehnt, hinaus, ihr folgen die Gesandten und
das Volk.

IV. SCENE.

Der Königssaal in Gnesen. — Im Hintergrund ein Thron. An den Stufen
des Thrones steht der KANZLER. Die GROSSEN des Reiches. WAWEL
der Historiograph. Ein PAGE. HOFLEUTE.

KANZLER. Bereit schon alles zum Empfang des Herrn.
Nehmt eure Plätze nach der Ämter Rang,
Am Throne hier die Feldherrn und die Richter,
Verwalter hier, Truchsesse, Schenke hier.
Der König mög' euch alle sammt erblicken
(*Ein Bote kommt*).
BOTE. Ich melde euch, Gestrenge, hohe Mähre:
Der neue König ist — ein Weib.
KANZLER.   Ein Weib!
ALLE. Ein Weib der König!
KANZLER   Möge sie so muthig
Wie Wanda sein, so gut und milde herrschen,
Doch glücklicher.
(*Ein zweiter Bote kommt*).
ZWEITER BOTE.   Gestrenge Herren, wisset:
Die Königin betrat die Hauptstadt schon
KANZLER. Lasst alle Glöcken feierlich ertönen,
Es stimmen ein des Volkes Herzen all.
EIN HERR. Der Seher kann des Wunders Sinn nicht deuten,
Das heut' dem Volk erschien. Darob entsetzt,
Erbebt das Volk.

KANZLER.   Ein Wunder?

EIN HERR.   Seltsam gar!
Wenn ihr verlangt, erzählet es getreu
Und niederschreibt der Hofhistoriograph.

KANZLER. Gelahrter Mann, Herr Wawel, ihr bezeugt
Und saht es selbst?

WAWEL.   Was viele wohl bemerkt,
Kann ich als Augenzeuge treu berichten.
Der Morgen war zu Anfang trüb und düster,
Doch nach dem Sonnenaufgang ward es hell,
Ich sah's beinahe selbst... Vom Himmelsrande
Wo am Gewölbe glänzt Orions Stern,
Kam hergeflogen hoch ein Kranichzug, —
Mit weissen Armen an den Zug gebunden
Ein Weib dahinzog.

KANZLER.   Hochgelahrter Mann
Das alles sahen deine eignen Augen?

WAWEL. Ich sah es nicht, doch sahen es gar viele.
Als Zeitgenosse kann ich's doch bezeugen.

PAGE Ich sah es wohl: Vom Wald am Gopłosee
Ein Mädchen flog dem Kranichzuge nach
Und hielt sich an des letzten Vogels Flügel,
Die weisen Händchen schlang um seinen Hals;
Das Haupt zur Erd' gebeugt, zerstreute sie
Der Haare aufgelöste Locken in der Luft.
So hell, wie Sonnenlicht; da schwamm sie nun
Auf ihrer Locken goldner Welle hin,
Die Strahlen warf.

KANZLER.   Nur eines Kindes Auge
Kann auf des Himmels ausgespannter Decke
Ein Bild erblicken.
         (*Es wird finster, wie vor einem Gewitter*).

EIN HERR.   Welch ein traurig Dunkel
Bedeckt den Thron und unser Angesicht,
Wie der verhüllten Sonne trübes Grün?
Wir treten blass vor unsre Herrin hin.

EINIGE. Ein gräulich Dunkel

(Der Thurmwächter tritt auf).

THURMWÄCHTER.   Ob der mächt'gen Kuppel
  Der Königsburg, wo hoch zum Himmel ragt
  Die goldne Nadel, — ballen sich zu Hauf
  In schwarzem Kranze Wolken trüb und schwer,
  Und hangen düster über dem Balkon,
  Wo zum Empfang die Musik aufgestellt.
  Der ganze Himmel sonst so blau und hell,
  Als wollte er der einz'gen Wolke spotten.

KANZLER. Lasst Glocken läuten.

THURMWÄCHTER.   In dem Schooss ihr flammt
  Ein Purpurherd.

KANZLER.   Wir brauchen Regen doch.

THURMWÄCHTER. In schwarzem Wagen kam ein blasser Spuck,
  Vom kranichzug der Hölle Grund entführt,
  Hieb auf die Vogelschnur mit Schlangen ein
  Und lenkte sie zur Wolke ob dem Schloss.
  Sie sitzt im Nebel jetzt, doch es entführt
  Dem Nebel das Gestöhn der Höllenvögel.
  Hört ihr's?

(Man hört ein Jammergeschrei vom Thurme).

KANZLER.   Ja wohl, ein seltsames Gestöhn!

DIE HERREN *(von den Bänken aufspringend).* Ha, grässlich!

KANZLER.   Bleibe jeder auf der Bank.
  Du Wächter hast wohl übern Durst getrunken
  Und selbst geschaffen diese Hexenmähre.

THURMWÄCHTER. Ich sah es selbst, es sah das Volk vom Land,
  Das Volk von Gnesen...

RUFE HINTER DER SCENE.   Herrin, lebe hoch!

(Balladina kommt in königlichem Schmuck. Von Kostrin in Waffen. Volk).

KANZLER. Gebieterin! Gesegnet sei das Haupt,
  Das uns die echte Krone Popiels bringt.
  Sei uns willkommen, herrsche klug und milde,
  Dass du mit Gott das anvertraute Volk
  Zu heil'gen Zielen lenkest. Gürte um
  Der Unschuld Kleid, — die Stirn zum Himmel hebe,
  Den Schuld'gen Gnade gib, den Armen Brot.

Und allem Volke die Gerechtigkeit.

BALLADINA (*vom Throne*). Was soll ich thun?

KANZLER. Des Lands Gesetze fordern,
Ums Wohl des Volks besorgt von altersher,
Das jeder König vor dem Krönungsmal,
Bevor er Ruhe gönnt der matten Stirn,
Die von der Krone Last gefurchet ist, —
Den Richterstuhl besteige und persönlich
In schweren Fällen spreche peinlich Recht.

BALLADINA. Es mag geschehen, was Gesetze heischen.
    (*Von Kostrin taumelt und sinkt zu Boden*),

EIN HERR. Der Feldherr wankt, erblasst und sinket hin!

BALLADINA (*zu Kostrin tretend*).
Was soll das? Bist du plötzlich krank?...

VON KOSTRIN. Ich sterbe.

BALLADINA. Mein Theurer!

VON KOSTRIN. Weg, du Gifte mischend Weib!
Vom Thron sie stosset! Ich eröffne nur
Das dunkle Grab für jene viele Tausend,
Die sie beherrschen wird..

BALLADINA. Er rast im Fieber...
Schafft ihn hinaus! — Sein Leib erkaltet schon...
Den Arzt besorgt, ich zahle für sein Leben
Des Landes Hälfte gern.

DER LEIBARZT. Er ist schon todt.
    (*Man trägt Kostrins Leiche hinaus, der Arzt folgt ihr*).

KANZLER. Gebieterin, ertrage mit Ergebung
Den herben Schmerz. Ein Zeichen ist's von Gott
Beim ersten Schritt auf deinen goldnen Thron,
Dass an den Stufen steht der grimme Tod
Und lauert auf.

BALLADINA (*für sich*). Das Gestern ist begraben.
Ich trage das Geheimnis nun allein.
    (*Laut*).
Den Kriegsgefangnen lasst die Fesseln lösen,
Auf allen Plätzen richtet Tische an,
Und speiset täglich das verarmte Volk.

KANZLER. O Herrin, Dank und Ruhm dir!
BALLADINA. Um den Ruhm
Geht es mir nicht. Mich hat nun das Geschick
Erhoben über alles Volksgeschrei.
Ich werde nun, was ich schon langst gewesen
Geboren unter anderm Stern. Mein Leben,
Voll Müh' und Sorg', die Krone schnitt entzwei,
Das Gestern fällt vom scharfen Stahl herab,
Als hätte ihn der Nattern Gift geschwängert,
Es fällt herab verfault und giftgeschwärzt.
Ihr kanntet mich vor diesem Tage nicht,
Mein Leben nicht. Das Volk mag nicht ergründen,
Was einst ich war. Ich habe euch gestanden,
Den Rest erfährt der Priester in der Beicht.
Ha, eines noch! Lasst suchen Kirkors Leiche,
Wo Schwert und Speer am blutigsten gehaust;
Dort auf den Hügel, wo drei Birkenstämme
Vom Laub entblösset ragen weiss empor,
Tragt eine Bahre hin, mit Seid' bedeckt,
Und weich gebettet bringet m r daher
Des Grafen Leiche. Mag des Volkes Schar
Beklagen ihn, der fiel, im Hand den Stahl,
Mein Gegner heute, gestern mein Gemahl.
Ich sage euch, ich bin des Grafen Witwe,
Doch mag der Pöbel weitres nicht erspähn.
Die Königin gestand, was nöthig war,
Den Rest gesteht sie in dem Beichtstuhl nur.
Und nun, du Kanzler, ruf' die Schuld'gen vor,
Ich halte heut' zum erstenmal Gericht.
Wenn falsch ich richte, soll ich modern gleich
Als Würmerfrass! Es soll des Himmels Feuer,
Mich sengen! Es bewegt nicht Furcht, nicht Schwäche
Nicht Menschenrath, nicht Teufelslist mein Herz.
Ich schwöre hier, in Gottes Angesicht,
Gerecht zu richten!
KANZLER (zu den Gerichtsdienern). Rufet.
GERICHTSDIENER. Zum Gericht!

15

KANZLER. Hier die Gesetze, hier des Heilands Bild,
Auf dürrem Holz des Kreuzes ausgestreckt.
Nun küsse du das Kreuz, das Buch

GERICHTSDIENER   Der Kläger!
(Der Leibarzt tritt auf).

KANZLER. Wer bist du?

LEIBARZT.   Hofarzt.

KANZLER.   Welch ein Fall liegt vor?

LEIBARZT. Vergiftung.

KANZLER.   Wer erlag daran?

LEIBARZT.   Kostrin.
Der Feldherr starb an Gift, Gebieterin!
Das Gift ist wohlbekannt und seine Folgen.
Die Leiche decken Male, bläulichgrau,
Wie eisenfarbig. Kostrin starb an Gift.

KANZLER. Wen klagst du an?

LEIBARZT.   Es fahnde das Gericht
Nach dem Verbrecher.

BALLADINA.   Ist er unbekannt,
Dann mag er Zeit zur Busse haben noch,
Die Sache bleibt für später vorbehalten.

KANZLER. Erhabne Herrin! Sitte ist's bei uns,
Den Spruch zu fällen, auch wenn der Verbrecher
Noch unbekannt, — und über seinem Haupt
Das Schwert zu halten, bis er eingefangen
Den Frevel büsst.

BALLADINA.   Es gibt Verbrecher auch,
Die heilig, über das Gesetz erhaben
Und unverletzlich sind.

KANZLER.   Die strafet Gott.
Du hast nach ird'schem Recht den Spruch zu fällen
Gewissenhaft.

BALLADINA.   Was heischet das Gasetz?

KANZLER. Wenn einer da vom Adel, von den Rittern,
Ein tückisch Gift gen seinesgleichen braucht
Und freventlich des Lebens ihn beraubt,
Der fällt durchs Schwert. Wenn einer es gethan,

Von niederm Volk...

BALLADINA. Genug!

KANZLER. Das Urtheil sprich,
Beachte mehr die Stimme des Gewissens,
Als des Gesetzes Wort.

BALLADINA. Genug! Der Thäter
Soll sterben durch das Schwert.

KANZLER. Am Thor der Burg
Das Urtheil wird verkündet. Wird die Strafe
Nicht hier vollzogen, mag ihn Gott bestrafen!
(Ein Trompetenstoss).
Es möge nun der zweite Kläger kommen.
(Philon kommt mit einem Messer und einem Beerenkrug).
Wer bist du?

PHILON. Bin ein Schatten nur des Einst.
Die Sorge hat verwirret mein Gedächtnis
Mit Qual und Pein, und wie die blaue Blüte
Von Wasserwogen fort und fort geschaukelt,
Im Schaukeln jener blauen Flut Vergnügen
Und Wonne findet, so empfinde ich
In Sorg' und Qual der kummervollen Nächte
Der Schmerzen Lindrung.

KANZLER. Dieses Menschen Rede
Kann dem Gericht als Klage nicht genügen.
Sprich klarer doch.

PHILON. Da ist ein Beerenkrug,
Ein Messer da — Es lehnte an dem Krug
Das Haupt ein Mädchen, — in der weissen Brust
Stak dieses Messer. — Möge aus dem Krug
Ein Thränenstrom sich flutenreich ergiessen
Und den Geliebten an das Mädchens Grab
Mit krystallhellen Wellen hin geleiten.
Ich sag ihm dann: Du stiller Wandrer, Dank!
In ihrem Grabe finden beide wir
Erwünschte Ruhe, ew'ge Stille hier.
Verzeihe mir, Apoll, du Strahlengott,
Dass ich vor Menschen Thränen hier vergiesse

Und meinen Kummer ihnen trage vor.
Ich komme her, ein traurig Lied zu singen,
Wie einst Orpheus hin in die Unterwelt
Zum Hades gieng, die Gattin zu erflehn, —
Denn sie war meine Gattin, ja, sie war
Die Gattin meiner Seele, — heute deckt
Ein Grabmal ihren weissen Leib, durchbohrt
Mit diesem Messer... Seht! An diesem Krug
Fand ich sie todt, am frühen Frühlingsmorgen, —
Die Brust durchbohrt. —

KANZLER.   In dieser wirren Klage
   Ein Frevel steckt.

BALLADINA.   Ich achte, Kanzler, nicht
   Auf tolle Klagen.

KANZLER.   Herrin, das Gericht
   Muss wachsam spähen, nicht verachten darf's
   Des Hundes traurigschmerzliches Gewinsel.
   So ist nun, Hirt, die Gattin dir entrissen?
   Du fandest ihre Leiche, hingemordet
   Mit diesem Messer? Wann war das geschehn?

PHILON. Es schwanden dreimal Mond und Sternelicht
   Vor Titans Strahlen.

KANZLER.   Sag', wen klagst du an?
   Wer ist verdächtig dieser blut'gen That?

PHILON. Der Schicksalsschwestern mitleidlose Hand
   Des Lebens Silberfaden schnitt entzwei.
   Vielleicht ein goldner Stern vom Himmelsraum
   Beneidet' ihr der lichten Augen Glanz —
   Und liess die Augen schliessen sich zum Tod.

KANZLER. Wo fandst du sie?

PHILON.   Im träumerischen Hain
   Im Schatten einer Trauerweide schlief
   Den ew'gen Schlummer sie.

KANZLER.   Ein schwerer Fall.
   Dem unbekannten Thäter sprich das Urtheil
   Nach dem Gewissen.

BALLADINA.   Was gebeut das Recht?

KANZLER. Für Tod den Tod.

BALLADINA.   Die Urtheilsprüche hier
   Gen Unbekannte bleiben unvollzogen.

KANZLER Du richte doch!

BALLADINA.   Sie ist des Todes schuldig.

KANZLER. Sie?... Glaubst du denn, dass es ein Weib gethan?

BALLADINA. Ich glaube, was ich glaub'...

KANZLER.   Lasst von der Schwelle
   Der Burg dem Volk verkünden diesen Spruch.
   Die Rache bleibt dem Henker oder — Gott.
                    (Trompetenstoss).
   Es möge nun der dritte Kläger kommen.
                (Es kommt die blinde Witte).
   Wer bist du?

WITWE.   Witwe.

KANZLER.   Wen betrifft die Klage?

WITWE Ich klage meine Kinder an.. Man sagt,
   Die Königin sei engelgleich... sie richte...
   Ich hatte einst zwei Töchter, nährte sie,
   Ich arme, alte Wittib... Oft geschieht's
   Dass Menschen irren, nach dem Glücke strebend...
   Die jüngre floh der mütterlichen Hütte,
   Ein böses Kind!... Doch meine zweite — Gott!
   Du engelweisse Königin, du richte!
   Die zweite Tochter, sie bestieg das Bett
   Des mächt'gen Grafen. — Ich beschwöre hoch,
   Ich spreche wahr! — Sie ward des Grafen Weib.
   O Königin, Gott möge ewig dir
   Die Kron' erhalten auf dem weisen Haupt!
   Du richte! Jene Tochter war so klug,
   So voll Verstand, — der Graf, er liebte sie, —
   Doch ich, die Mutter, liebte sie doch mehr!
   Allein die Diener in der Burg missachten
   Die alte Mutter, — ich ertrage still
   Der Diener Hohn, — ich war dem Grab so nah! —
   Und einmal nachts — hat diese Tochter mich
   Verleugnet laut vor vieler Menschen Ohr!

Ich flehe: Tochter, sei doch mild und gnädig
Der alten Mutter, die so nah' dem Tod!...
Die Nacht war schrecklich, — Blitz und Donnerschlag,
Gewittersturm und Regenguss und Wind. —
Die Tochter liess vertreiben von dem Hof
Die alte Mutter, — in den Wind und Sturm
In Donner, Blitz, Gewitter liess vom Hof,
— Das möge ihr der Schöpfer dort verzeihen! —
Die alte Mutter hungrig in den Wald
Vertreiben! — Wild ergriff der Sturmwind mich,
Der Blitz die Augen frass... O grosser König,
Du goldner Herr, erbarme dich der Mutter.

KANZLER. Du schweigest, Herrin? Solche frevle That
Bestrafet schrecklich unsers Lands Gesetz.

BALLADINA. Doch mit dem Tode nicht?

KANZLER.   Des Reiches Recht
Befiehlt den Tod gen undankbare Kinder,
Da steht es klar im Buche der Gesetze,
Da lies es selbst und frage dein Gewissen.
Du, Mütterchen, nun sage uns den Namen
Der Tochter schnell, — der Henker straft sie bald,
Wenn auch des ersten Grafen in dem Land
Gemahl sie wäre... Nenne uns den Grafen,
Die Tochter nenne, — ihren Kopf, ihr Herz
Wird schützen nicht des Schlosses hoher Wall.

WITWE. Was? Tod der Tochter?.. König, lebe wohl!
Du Herrin auch? Zurück in meinen Wald,
Mit Thau mich nähren.

KANZLER.   Nach des Rechtes Lauf
Nicht darfst du deine Klag' zurückeziehn.
Gestehe...

WITWE.   Nein, o Herr!

KANZLER.   Die Folterbank!
Die Glieder presst mit harter Schrauben Qual!
Gestehe...

WITWE.   Nein, o Herr!

KANZLER.   Zum dritten Mal

Verlange ich den Namen jenes Kinds

WITWE. Sie ist unschuldig.

KANZLER.   Hin zur Folterbank!

WITWE *(mit der Wache ringend)*. O Königin, erbarme dich der Alten!
    Ich könnte deine Mutter sein, — o Gott!
    Du schweigest? Ach! Es sitzt auf diesem Thron
    Ein schrecklich Wesen. — Gut, ich lege mich
    Auf jene Bank und sterbe... Gott im Himmel
    Mag euch verzeihn!

KANZLER.   Du wirst gestehn vor Schmerz.

WITWE. O Herr! Du Hoher! Auch in deiner Brust
    Ein eisern Herz...

          (Sie wird von der Wache hinausgeführt).

KANZLER.   Ich wahre nur das Recht,
    Und Gott mag richten, ob ich schuldig bin,
    Ob ohne Schuld — O Königin, mein Herz
    Ist voll von Thränen, herbem Schmerz, Entsetzen,
    Und Quall und Pein.

          (Man hort ein Gejammer).

         Was ist das?

EIN SOLDAT.   Das Gestöhn
    Des Weibes dort.

KANZLER.   Hat sie gestanden?

SOLDAT.   Nichts.

KANZLER. Wir warten noch.

BALLADINA.   Es zerret meinen Leib
    Der Henker hin, als Folterbank und reisst..
    Oh, Wasser!

          (Man bringt ihr Wasser).

SOLDAT.   Schon der Folterbank entnommen.

BALLADINA. Schon?... Sie gestand in Schmerzen?

SOLDAT.   Sie ist todt.

BALLADINA. Ist todt?

SOLDAT.   Als sie der Henker hingestreckt
    Auf jener Bank, schloss sie die Augen bald,
    Man könnte glauben, dass gestrecket liegt
    Am Marterholz des Heilands steinern Bild

Es ragte dürr und trocken durch die Haut
Der Knochen hart Gerippe nur hervor,
Um Gnade flehend.

KANZLER. Hat sie nichts bekannt?

SOLDAT. Sie starb ganz still. — Am dürren Angesicht
Zwei Löcher grub der Tod, — sie füllten sich
Mit Thränen nur.

BALLADINA. Vom frühen Morgen wird
Gericht gehalten. Niemand quälet so
Mit harter Arbeit sich, so schwer und lang.
Die Nacht bricht ein.

KANZLER. Noch nicht,... ein schwarz Gewölk
Bedeckt die Burg. Befrage das Gewissen
In aller Ruhe. Was verdient die Tochter,
Für die die Mutter leidet solchen Tod?

BALLADINA. Sprecht Urtheil ihr.

KANZLER. Es glänze deine Krone
Mit neuem Glanz durch den gerechten Spruch.
Sie hat verdient, dass lebend Feuer sie
Zur Kohle senge in der Hölle Grund.
Du richte!

ALLE. Richte sie!

KANZLER. Ich nehme Gott
Zum Zeugen! Sie ist schuldig!

ALLE. In den Tod!

KANZLER. Nun sprich das Urtheil!

BALLADINA (*nach langer Pause*). Sie verdient den Tod!
(*Ein Blitz schlägt ein und tödtet die Königin*).

KANZLER. Die Königin von Gottes Blitz erschlagen. —
Statt Festgesang, lasst Todtenglocken klagen.

EPILOG.

DAS PUBLICUM. Heraus, Herr Wawel, Historiograph!
(*Wawel tritt auf und verbeugt sich*).
WAWEL. Verehrtes Publicum, mein Schreiber da
Wollt' eben das Ereignis niederschreiben. —
Ihr unterbrechet...
PUBLICUM. Wem dient deine Feder?
WAWEL. Bin unparteiisch, Augenzeuge gar.
PUBLICUM. Wie stellst du vor den letzten Donnerschlag?
Erzähle doch, wir sahen alles klar.
WAWEL. Vom Sandeskorn dringt man zum Sonnenlauf,
Wenn man den Gang der Dinge streng verfolgt
Die Königin regierte klug, gerecht
Sie war auch weise, also — tugendhaft.
PUBLICUM. Du bist im milden Urtheil viel zu rasch,
Hast wohl vom Anfang alles nicht gesehn?
WAWEL. Ich schrieb am Klaggesang auf Popiels Tod.
PUBLICUM. Was meinst du von der Königin Geschlecht?
WAWEL. Von der gelehrten Forschung höchsten Spitzen
Die Sach' betrachtend, leit' ich ihren Stamm
Von Obotriten, die kein Fleisch vertragen...
Ein junger Forscher will da zwar behaupten,
Dass sie vom Amazonenlande stammt,
Doch kämpfe ich polemisch in den Noten
Dagegen an und führe den Beweis
Und lasse ihn in eignem Sumpf ersaufen.
Ihr seht ihn bald von meiner Feder todt.
PUBLICUM. Was hältst du von dem Blitz?
WAWEL.   Ich denke, nun,
Bei Blitz und Donner soll man Glocken läuten.

16

Ein Lorbeerzweig ist besser dran als Kronen.
Nicht lockt den Blitz, nicht schadet er dem Kopf.
PUBLICUM. Des bist du so gewiss?
WAWEL.   Es meldet euch
Des Dramas Dichter, der im Lorbeer prangt,
Dass, seit er sich das Haupt damit bekränzt,
Kein Blitz ihn trifft.
PUBLICUM.   Der Poesie, dem Thron
Willst schmeicheln, Alter... trolle dich davon.

Lightning Source UK Ltd.
Milton Keynes UK
UKHW022017250321
381009UK00003B/114